# Conversando en INGLÉS

## Cuarta Edición

## Prof. Jaime Garza Bores

New York   Chicago   San Francisco   Athens   London   Madrid
Mexico City   Milan   New Delhi   Singapore   Sydney   Toronto

2 3 4 5 6 7 8 9    LCR    25 24 23

ISBN   978-1-260-46756-7
MHID      1-260-46756-2

Originally published by Editorial Diana and Editorial Universo.

McGraw Hill products are available at special quantity discounts to use as premiums and sales promotions or for use in corporate training programs. To contact a representative, please visit the Contact Us pages at www.mhprofessional.com.

---

**Para escuchar la transmisión de audio gratis**

En la aplicación *McGraw Hill Language Lab* hay grabaciones en inglés de los diálogos y las respuestas a ejercicios. Simplemente sigue estos pasos sencillos:

1A. Para la aplicación en linea, vaya a www.mhlanguagelab.com y toca "Launch Web App."
1B. Para la aplicación movíl, busca "McGraw Hill Language Lab" en las tiendas de aplicaciones de Apple App Store o Google Play Store. Descarga la aplicación gratis.
2. Abre Language Lab app y toca la bandera "English (ESL)"
3. Busca "Conversando en inglés"
4. Selecciona el capítulo requerido para escuchar las grabaciones de los diálogos y las respuestas a ejercicios y prácticas.

---

# Contenido

# Preface

*Conversando en inglés* helps Spanish-speaking learners of English move easily from passive knowledge of grammar patterns to active, fluent use of these patterns in everyday communication. The lessons focus on one or more common sentence patterns and move coherently from the simple to the more colloquial and complex. The patterns are presented in clear, easy-to-understand diagrams, which eliminate long and tedious grammar explanations. The dialogues that follow the diagrams put the grammar and new vocabulary to practical use. Topics covered by these dialogues include asking for and getting directions, likes and interests, and travel preferences. The new vocabulary in the lessons is presented phonetically and is grouped by topics such as days of the week, months of the year, cardinal and ordinal numbers, family members, parts of the body, and parts of the house and furniture. Exercises provide practice and reinforcement of vocabulary and grammar. In selected lessons, brief reading passages offer additional practice. An end-of-book test will help you check your progress.

*Conversando en inglés* is the perfect way to master the patterns of everyday conversation in English painlessly and efficiently! It will be your guide to survival in the English-speaking world.

# Prólogo

*Conversando en inglés* ayuda a los que están aprendiendo el idioma a lograr fluidez a través de una serie de patrones básicos de construcción gramatical que van de lo general y más sencillo a lo más específico y sofisticado. Los patrones de construcción se presentan a través de unos diagramas de fácil interpretación y, así, se han eliminado las largas y tediosas explicaciones de gramática. Unos diálogos prácticos siguen los diagramas; los temas de los mismos son variados y de gran interés para los que tienen que desenvolverse en el mundo de habla inglesa. De igual manera el vocabulario es práctico y clasificado según temas. Los ejercicios ofrecen la oportunidad de desarrollar tanto la gramática como el nuevo vocabulario. Determinadas lecciones contienen ejercicios de lectura para aún más desarrollo lingüístico. Un examen final ofrece la posibilidad de verificar el progreso que se ha ido realizando durante el estudio del libro.

Estamos convencidos de que *Conversando en inglés* le brindará amplias oportunidades de mejorar y dominar el idioma para así sobrevivir en el mundo de habla inglesa.

7

# PATRONES BÁSICOS
## DE CONSTRUCCIÓN GRAMATICAL

a) Patrón para *preguntar:* DO YOU WISH = ¿desea Ud?

Tres verbos básicos: TO SPEAK = hablar
TO GET = conseguir, obtener
TO GO = ir

| D O | you wish | TO SPEAK | English? |
|-----|----------|----------|----------|
| D O | you wish | TO GET | a good job? |
| D O | you wish | TO GO | to the United States? |

Algunas palabras básicas:

ENGLISH = inglés[1]
A = un, una
GOOD = buen (o, a)
JOB = empleo, trabajo
TO = a
THE = el, la, los, las
UNITED STATES = Estados Unidos

b) Patrón para *afirmar:* I WISH = yo deseo

| I | wish | TO SPEAK | English |
|---|------|----------|---------|
| I | wish | TO GET | a good job |
| I | wish | TO GO | to the United States. |

c) Patrón para *negar:* I DON T WISH = yo no deseo

Algunas palabras básicas:

POOR = pobre, defectuoso
BAD = mal (o, a)
THAT = ese (a), aquel, aquella
PLACE = lugar

| I | DON'T | wish | TO SPEAK | English |
|---|-------|------|----------|---------|
| I | DON'T | wish | TO GET | a bad job |
| I | DON'T | wish | TO GO | to that place |

[1] Véase la fonética en el vocabulario al final de esta lección

9

## CONVERSATION

—*DO* YOU WISH | *TO* SPEAK | ENGLISH IN A SHORT TIME?

(¿Desea Ud. hablar inglés en un corto tiempo? )

—YES SIR, I WISH | *TO* SPEAK | ENGLISH *SOON.*

(Sí señor, yo deseo hablar inglés pronto).

—*DO* YOU WISH | *TO* SPEAK | ENGLISH *WELL?*

(¿Desea Ud. hablar inglés bien? )

—YES, OF COURSE, I WISH | *TO* SPEAK | ENGLISH *WELL.*

(Sí, por supuesto. Yo deseo hablar inglés bien.)

—I *DON'T* WISH | *TO* SPEAK | ENGLISH BADLY.

(Yo no deseo hablar un inglés defectuoso.)

—WHY *DO* YOU WISH | *TO* SPEAK | ENGLISH *WELL?*

(¿Por qué desea Ud. hablar inglés bien? )

—I WISH | *TO* SPEAK | ENGLISH *WELL*, BECAUSE I WISH | *TO* GET | A GOOD JOB.

(Yo deseo hablar inglés bien, porque yo deseo conseguir un buen empleo).

—I *DON'T* WISH | *TO* GET | A BAD JOB

(Yo no deseo conseguir un mal empleo).

—WHY *DO* YOU WISH | *TO* GET | A GOOD JOB?

(¿Por qué desea Ud. conseguir un buen empleo? )

–I WISH $\boxed{TO\ GET}$ A GOOD JOB, BECAUSE I WISH $\boxed{TO}$ $\boxed{GET}$ MORE MONEY.

(Yo deseo conseguir un buen empleo porque yo deseo obtener más dinero).

–I *DON'T* WISH $\boxed{TO\ GET}$ LITTLE MONEY.

(Yo no deseo conseguir poco dinero)

–*DO* YOU WISH $\boxed{TO\ GET}$ ENOUGH MONEY $\boxed{TO\ GO}$ TO NEW YORK?

(¿Desea Ud. obtener suficiente dinero para ir a Nueva York? )

–I *DON'T* WISH $\boxed{TO\ GO}$ TO NEW YORK. I WISH $\boxed{TO\ GO}$ TO CHICAGO.

(Yo no deseo ir a Nueva York. Yo deseo ir a Chicago).

–*DO* YOU WISH $\boxed{TO\ GO}$ TO ENGLAND, *TOO?*

(¿Desea Ud. ir a Inglaterra también? )

–YES, I WISH $\boxed{TO\ GO}$ TO MANY PLACES WHEN I SPEAK ENGLISH.

(Sí, yo deseo ir a muchos lugares cuando yo hable inglés).

# VOCABULARIO CON FONÉTICA

| | | | |
|---|---|---|---|
| Do you wish? | *(du iú uish)* | = | ¿Desea Ud? |
| to speak | *(tuspíc)* | = | hablar |
| to get | *(tu guet)* | = | conseguir, obtener |
| a | *(ei)* | = | un, una |
| good | *(gud)* | = | buen (o, a) |
| job | *(yob)* | = | empleo, trabajo |
| I wish | *(ai uish)* | = | yo deseo |
| to go | *(tu góu)* | = | ir |
| to | *(tu)* | = | a |
| the | *(di)* | = | el, la, los, las |
| United States | *(iunáited stéits)* | = | Estados Unidos |
| I don't wish | *(ai dont uish)* | = | yo no deseo |
| poor | *(pur)* | = | pobre, defectuoso (a) |
| bad | *(bad)* | = | mal (o, a) |
| that | *(dat)* | = | ése, ésa, aquél aquélla (pronombre demostrativo) |
| place | *(pléis)* | = | lugar, sitio |
| in | *(in)* | = | en, dentro |
| short | *(short)* | = | corto, bajo |
| time | *(táim)* | = | tiempo (cronológico) |
| yes | *(ies)* | = | sí (afirmativo. No es condicional) |
| Sir | *(ser)* | = | señor |
| soon | *(sun)* | = | pronto |
| of course | *(ov córs)* | = | por supuesto |
| well | *(uél)* | = | bien |
| why | *(juái)* | = | ¿por qué? (interrogativo) |
| because | *(bicós)* | = | porque (afirmativo) |
| more | *(mor)* | = | más |
| money | *(móni)* | = | dinero |
| little | *(lítol)* | = | poco, pequeño |
| enough | *(inóf)* | = | bastante, suficiente |
| England | *(ingland)* | = | Inglaterra |
| too | *(tu)* | = | también |
| much | *(moch)* | = | mucho (a) |
| many | *(méni)* | = | muchos (as) |
| when | *(juén)* | = | cuando |

# EJERCICIOS DE CONSTRUCCIÓN

Escriba en inglés la palabra o palabras indicadas abajo de cada línea.

1. I wish _____ a good job.
   conseguir

2. _____ to speak English soon?
   ¿Desea Ud...

3. Yes, Sir. I _____ .
   deseo

4. _____ to go to the United States.
   Yo deseo

5. _____ do you wish to go to the United States?
   ¿Por qué

6. I wish _____ to the U. S. _____ I wish to get a job.
   ir                    porque

7. Why _____ to get a bad job?
   Desea Ud.

8. No, Sir. I _____ .
   no deseo

9. _____ to get a bad job _____ I wish
   Yo no deseo                        porque

   _____ money
   suficiente

10. _____ to get a good job, because _____ a
    Yo deseo                                  no deseo

    little money.

NOTA IMPORTANTE: No pase Ud. a la lección siguiente sin haber asimilado perfectamente esta lección. Memorice primero el vocabulario con fonética. Repita oralmente tres veces cada palabra. Pase luego a la conversación, repásela varias veces en voz alta y posteriormente haga el ejercicio de práctica correspondiente. Escriba esta lección haciendo que otra persona se la dicte. Efectúe esta misma operación en todas las lecciones y obtendrá resultados óptimos. Verifique hasta qué altura de estructura inglesa puede Ud. fácilmente alcanzar, consultando el contenido de esta obra (páginas 3 a 5).
Estudie media hora diariamente procurando oírse a sí mismo y en cuestión de pocos meses estará Ud. hablando perfecto inglés.

13

# CONJUGACIÓN DE *WISH*
## Y LOS PRONOMBRES PERSONALES

Observe la partícula *to* inmediatamente después de *wish* y *wish*ES. Adviértase asimismo las letras ES en la forma verbal correspondiente a *he, she, it.*

| | | | | |
|---|---|---|---|---|
| I | wish | *TO* SPEAK | to *you* | in English. |
| You | wish | *TO* SPEAK | to *me* | in English too. |
| He | wishES | *TO* GO | to the | United States. |
| She | wishES | *TO* GO | to the | United States too. |
| It | wishES | *TO* GO | with *us* | |
| We | wish | *TO* GET | a | good job. |
| You | wish | *TO* GET | a | good job    too. |
| They | wish | *TO* GET | a | job in New York. |

## Pronombres personales

| *Singulares* | *Plurales* |
|---|---|
| I = yo | We = nosotros |
| You = Ud. o tú | You = ustedes, vosotros |
| He = él | They = ellos o ellas |
| She = ella | |
| It[1] = ello (impersonal) | |

## Pronombres objetivos

| *Singulares* | *Plurales* |
|---|---|
| *me* = me, mi, a mí | *us* = nos, a nosotros |
| *you* = le (a Ud.), a ti, te | *you* = a Uds., a vos. |
| *him* = lo (a él) | *them* = los, a ellos |
| *her* = la (a ella) | |
| *It* = lo (impersonal) | |

[1] El pronombre IT se emplea para objetos impersonales o animales.

14

Otros tres verbos básicos:
$$
\begin{array}{ll}
\textit{TO } \text{SEE} & = \text{ver} \\
\textit{TO } \text{GIVE} & = \text{dar} \\
\textit{TO } \text{BRING} & = \text{traer}
\end{array}
$$

Otras palabras básicas:

WHAT = qué
ABOUT = acerca de, sobre
MY = (Adjetivo posesivo)
YOUR = su, tu (adjetivo posesivo)
BUSINESS = negocios
NOW = ahora
TODAY = hoy
TOMORROW = mañana
SOME = algunos (as), algo de
FROM = de (expresando procedencia)

## CONVERSATION

—*DO* YOU WISH | *TO* SPEAK | TO *ME?*

(¿Desea Ud. hablarme? )

—YES SIR, I WISH | *TO* SPEAK | TO *YOU.*

(Sí señor, yo deseo hablarle)

—WHAT *DO* YOU WISH | *TO* SPEAK | TO *ME* ABOUT?

(¿Acerca de qué desea Ud. hablarme? )

—I WISH | *TO* SPEAK | TO *YOU* ABOUT BUSINESS.

(Yo deseo hablarle acerca de negocios)

—HE WISH*ES* | *TO* SPEAK | ABOUT BUSINESS, TOO.

(Él desea hablar de negocios, también)

—WHEN *DO* YOU WISH | *TO* SEE | THE MANAGER?

(¿Cuándo desea Ud. ver al gerente? )

—I WISH | *TO* SEE | *HIM* NOW.

15

(Yo deseo verlo ahora)

—SHE WISH*ES*  | *TO* SEE |  *US* IN THE OFFICE TODAY.

(Ella desea vernos en la oficina hoy)

—THE MANAGER WISH*ES*  | *TO* SEE |  MARY TOMORROW.

(El gerente desea ver a María mañana)

—WE WISH  | *TO* SEE |  *HER* TOMORROW, TOO.

(Nosotros deseamos verla mañana, también)

—WHAT *DO* YOU WISH  | *TO* GIVE |  GEORGE AND ALICE?

(¿Qué desea Ud. dar a Jorge y Alicia? )

—I WISH  | *TO* GIVE |  *THEM* SOME PRESENTS.

(Yo deseo darles algunos regalos)

—AND THEY WISH  | *TO* GIVE |  *ME* SOME PRESENTS, TOO.

(Y ellos desean darme algunos regalos, también)

—THEY WISH  | *TO* BRING |  *US* MANY THINGS FROM NEW YORK.

(Ellos desean traernos muchas cosas de Nueva York)

—WHAT *DO* YOU WISH  | *TO* BRING |  *HER* FROM THE MARKET?

(Qué desea Ud. traerle a ella del mercado? )

—I WISH  | *TO* BRING |  *HER* SOME FRUIT FROM THE MARKET.

(Yo deseo traerle a ella algo de fruta del mercado)

—I *DON'T* WISH  | *TO* BRING |  *HIM* MANY THINGS FROM THE UNITED STATES.

(Yo no deseo traerle a él muchas cosas de los Estados Unidos)

16

# VOCABULARIO CON FONÉTICA

| I | (ai) | = | yo | me | (mi) | = | me, mi |
|---|------|---|-----|------|--------|---|--------|
| you | (iú) | = | Ud., tú | you | (iú) | = | le (a Ud.), te, ti |
| he | (ji) | = | él | him | (jim) | = | lo (a él) |
| She | (shi) | = | ella | her | (jer) | = | la (a ella) |
| it | (it) | = | ello | it | (it) | = | lo (impersonal) |
| we | (uí) | = | nosotros | us | (os) | = | nos, a nosotros |
| you | (iú) | = | ustedes | you | (iú) | = | les (a ustedes) |
| they | (dei) | = | ellos (as) | them | (dem) | = | los (a ellos) |

| | | | |
|---|---|---|---|
| with[1] | (uiz) | = | con |
| what | (juat) | = | qué |
| about | (abáut) | = | acerca de, sobre |
| my | (mai) | = | mi (adjetivo posesivo) |
| your | (iór) | = | su, tu (adjetivo posesivo) |
| business | (bísnes) | = | negocios |
| he wishes | (ji uìshes) | = | él desea |
| to see | (tu síi) | = | ver |
| manager | (mánayer) | = | gerente, administrador |
| now | (náo) | = | ahora |
| office | (ófis) | = | oficina |
| today | (tudéi) | = | hoy |
| Mary | (méri) | = | María |
| tomorrow | (tumórrou) | = | mañana |
| to give | (tu guív) | = | dar |
| some | (som) | = | algunos (as), algo de |
| presents | (présents) | = | regalos |
| to bring | (tu bring) | = | traer |
| things | (Z[1]ings) | = | cosas |
| from | (from) | = | de (expresando procedencia) |
| market | (márquet) | = | mercado |
| fruit | (frut) | = | fruta. |

---

[1] El sonido de *th* en inglés es muy similar al de la *z* como se pronuncia en España.

## Ejemplos ilustrativos de cómo emplear el caso *oblicuo*

| | | | |
|---|---|---|---|
| | me | (1) | 1. Véame, véme |
| | him | (2) | 2. Véalo, vélo (a él) |
| S E E | her | (3) | 3. Véala, véla (a ella) |
| | it | (4) | 4. Véalo, vélo (neutro) |
| | us | (5) | 5. Véanos, vénos |
| | them | (6) | 6. Véalos, vélos |
| | me | (1) | 1. Déme, dame |
| | him | (2) | 2. Déle, dale (a él) |
| G I V E | her | (3) | 3. Déle, dale (a ella) |
| | it | (4) | 4. Déle, dale (neutro) |
| | us | (5) | 5. Dénos, danos |
| | them | (6) | 6. Déles, dales |

I see *you* = te veo, le veo a Ud.
I give *you* = te doy, le doy a Ud.

| | | | |
|---|---|---|---|
| | me | (1) | 1. Esto es para mí |
| | you | (2) | 2. Esto es para ti (o Ud.) |
| | him | (3) | 3. Esto es para él |
| THIS IS FOR | her | (4) | 4. Esto es para ella |
| | it | (5) | 5. Esto es para ello (neutro) |
| | us | (6) | 6. Esto es para nosotros |
| | you | (7) | 7. Esto es para vos. o Uds. |
| | them | (8) | 8. Esto es para ellos o ellas |

| | | | |
|---|---|---|---|
| | for me | (1) | 1. Ruegue por mí |
| | for him | (2) | 2. Ruegue por él |
| P R A Y | for her | (3) | 3. Ruegue por ella |
| | for it | (4) | 4. Ruegue por ello (neutro) |
| | for us | (5) | 5. Ruegue por nosotros |
| | for them | (6) | 6. Ruegue por ellos o ellas |

# VOCABULARIO CON FONÉTICA

| People | (pípol) | = gente, personas, pueblo |
|---|---|---|
| a man | ( ei man) | = un hombre |
| some men | (som men) | = unos hombres |
| a woman | (ei uoman) | = una mujer |
| some women | (som uímen) | = unas mujeres |
| a boy | (ei boi) | = un muchacho o niño |
| several boys | (séveral bois) | = varios muchachos o niños |
| a girl | (ei guerl) | = una muchacha o niña |
| several girls | (séveral guerls) | = varias muchachas o niñas |
| a child | (ei cháild) | = un niño (a), una criatura |
| many children | (meni children) | = muchos niños o hijos |
| some fruit | (some frut) | = algo de fruta |
| vegetables | (vélletebols) | = legumbres |
| meat | (miit) | = carne |
| fish | (fish) | = pescado |
| eggs | (egs) | = huevos |
| chicken | (chíquen) | = pollo |
| breakfast | (brécfast) | = desayuno |
| lunch | (lonch) | = comida ligera del mediodía |
| dinner | (díner) | = comida fuerte del mediodía |
| supper | (sóper) | = cena, comida nocturna |
| in the morning | (in di morning) | = en la mañana |
| at noon | (at nun) | = al mediodía |
| in the afternoon | (in di afternun) | = en la tarde |
| at night | (at nait) | = en la noche |

## VERBOS EN INFINITIVO

| to give | (tu giv) | = dar |
|---|---|---|
| to pray | (tu prei) | = rogar, rezar |
| to go | (tu góu) | = ir |
| to work | (tu uerc) | = trabajar |

19

# EJERCICIOS

Construya en inglés las siguientes oraciones:

1. Ellos me ven

2. Yo los veo

3. Él lo ve (a Ud.)

4. Nosotros lo vemos (a él)

5. Él nos ve

ó. Ud. la ve

7. Nosotros desayunamos en la mañana

8. Yo como (algo de) pescado

9. Ella come (algo de) fruta

10. Ellos comen (algo de) pollo

11. Nosotros comemos (algo de) carne, (algo de) legumbres y (algo de) fruta.

12. Yo ceno en la noche

13. Ella almuerza al mediodía

14. Ud. come (algunos) huevos en la mañana

# EMPLEO DE *DO* Y *DOES*
## PARA PREGUNTAR EN TIEMPO PRESENTE
## Y *DON'T* Y *DOESN'T* PARA NEGAR

Observe el empleo de *DOES* delante de *he, she, it* y *DO* delante de los demás sujetos cuando se pregunta.

Note asimismo que la forma verbal *(wish)* correspondiente a las terceras personas del singular *(he, she, it)* no lleva *ES* como en el afirmativo, ya que esto se incorpora a *do*ES.

| *DO* | I | wish | *TO* SPEAK | English | fluently? |
| *DO* | you | wish | *TO* SPEAK | to | *me?* |
| | | | | | |
| *DOES* | he | wish | *TO* SEE | *us* | today? |
| *DOES* | she | wish | *TO* SEE | *him* | now? |
| *DOES* | it[1] | wish | *TO* SEE | *her?* | |
| | | | | | |
| *DO* | we | wish | *TO* GIVE | *them* | presents? |
| *DO* | you | wish | *TO* GIVE | *me* | your card? |
| *DO* | they | wish | *TO* GIVE | *you* | a present? |

Observe ahora el uso de *DOESN'T* inmediatamente después de *he, she, it* y *DON'T* después de los demás sujetos cuando se niega.

Advierta también que la forma verbal *(wish)* correspondiente a *he, she, it* no lleva *ES* como en las afirmaciones, ya que ésto se incorpora de *do*ES*n't.*

| I | *DON'T* | wish | *TO* SPEAK | English | |
| You | *DON'T* | wish | *TO* SPEAK | to | *me* |
| | | | | | |
| He | *DOESN'T* | wish | *TO* SEE | *us* | today |
| She | *DOESN'T* | wish | *TO* SEE | *him* | now |
| It[1] | *DOESN'T* | wish | *TO* SEE | *her* | |
| | | | | | |
| We | *DON'T* | wish | *TO* GIVE | *them* | presents |
| You | *DON'T* | wish | *TO* GIVE | *me* | your card |
| They | *DON'T* | wish | *TO* GIVE | *you* | a present |

---

[1] En este caso el pronombre impersonal *it* se refiere a un animal.

21

Otros tres verbos básicos:

TO EAT = comer
TO DRINK = beber (tomar)
TO BUY = comprar

Algunas palabras básicas:

MEAT = carne
FISH = pescado
CHICKEN = pollo
EGGS = huevos
SALAD = ensalada
POTATOES = papas (patatas)
TOMATOES = jitomates
STEAK = bistec
HAM = jamón
WATER = agua
MILK = leche
COFFEE = café
TEA = té
WHAT KIND? = ¿qué clase?
WHERE = dónde
BUT = pero
SHOES = zapatos
SOCKS = calcetines

## CONVERSATION

—WHAT DO YOU WISH  TO EAT  ?

(¿Qué desea Ud. comer?)

—I WISH  TO EAT  A STEAK WITH FRIED POTATOES.

(Yo deseo comer un bistec con papas fritas)

—WHAT DOES HE WISH  TO EAT  ?
(¿Qué desea él comer?)

—HE WISHES  TO EAT  PORK-CHOPS AND TOMATO SALAD.

(Él desea comer chuletas de puerco y ensalada de jitomate)

—AND WHAT DOES ALICE WISH  TO EAT  ?
(¿Y qué desea Alicia comer?)

—SHE WISH*ES* | TO EAT | A SANDWICH.

(Ella desea comer un emparedado)

—WHAT KIND OF SANDWICH *DOES* SHE WISH | TO EAT | ?

(¿Qué clase de emparedado desea ella comer? )

—SHE WISH*ES* | TO EAT | A CHEESE AND HAM SANDWICH.

(Ella desea comer un emparedado de queso y jamón)

—*DOES* ALICE WISH | TO EAT | CHICKEN SALAD, TOO?

(¿Desea Alicia comer ensalada de pollo, también? )

—NO, SHE *DOESN'T* WISH | TO EAT | ANY MORE.

(No, ella no desea comer nada más)

—*DO* THEY WISH | TO DRINK | SOME COFFEE?

(¿Desean ellos tomar [algo de] café? )

—NO, THEY *DON'T* WISH | TO DRINK | COFFEE. THEY WISH | TO DRINK | SOME TEA.

(No, ellos no desean tomar café. Ellos desean tomar [algo de] té)

—*DOES* RICHARD WISH | TO DRINK | SOME TEA, TOO?

(¿Desea Ricardo tomar [algo de] té, también? )

—HE *DOESN'T* WISH | TO DRINK | TEA. HE WISH*ES* | TO DRINK | SOME COFFEE.

(Él no desea tomar té. Él desea tomar [algo de] café)

—WHERE *DOES* HENRY WISH | TO GO | ?

(¿Dónde desea Enrique ir? )

23

–HE WISH*ES* | *TO* GO | TO THE SHOE-STORE.

(Él desea ir a la zapatería)

*DO*ES HE WISH | *TO* BUY | SHOES?

(¿Desea él comprar zapatos? )

–YES, HE WISH*ES* | *TO* BUY | A PAIR OF SHOES, BUT HE

*DOESN'T* WISH | *TO* BUY | SOCKS.

(Sí, él desea comprar un par de zapatos, pero no desea comprar calcetines)

## VOCABULARIO CON FONÉTICA

| | | | |
|---|---|---|---|
| Fluently | *(flú-en-tli)* | = | con fluidez o soltura |
| Do I wish? | *(du ai uish)* | = | ¿deseo yo? |
| Does he wish? | *(dos ji uish)* | = | ¿Desea él? |
| he doesn t wish | *(ji dósent uish)* | = | él no desea |
| to eat | *(tu í-it)* | = | comer |
| meat | *(mí-it)* | = | carne |
| fish | *(fish)* | = | pescado |
| chicken | *(chíquen)* | = | pollo |
| eggs | *(egs)* | = | huevos |
| salad | *(salad)* | = | ensalada |
| fried | *(fraid)* | = | frito (os), (as) |
| potatoes | *(potéitous)* | = | papas (patatas) |
| tomatoes | *(toméitous)* | = | jitomate (tomate) |
| pork-chops | *(porc chops)* | = | chuletas de puerco |
| cheese | *(chí-is)* | = | queso |
| ham | *(jam)* | = | jamón |
| steak | *(stéic)* | = | bistec |
| any more | *(éni mor)* | = | nada, algo más |
| they don't wish | *(dei dont uish)* | = | ellos no desean |
| to drink | *(tu drinc)* | = | beber (tomar) |
| water | *(uóter)* | = | agua |
| milk | *(milc)* | = | leche |
| coffee | *(cófi)* | = | café |
| tea | *(ti)* | = | té |
| what kind | *(juat cáind)* | = | qué clase |
| shoes | *(shus)* | = | zapatos |

24

| shoe store | (shu stór) | = zapatería |
|------------|------------|-------------|
| where | (juér) | = dónde |
| but | (bot) | = pero |
| socks | (socs) | = calcetines |
| shirt | (shert) | = camisa |
| trousers | (tráusers) | = pantalones |
| slippers | (slípers) | = zapatillas |
| blouse | (bláus) | = blusa |
| skirt | (squért) | = falda |
| stockings | (slóquings) | – medias |

## EJERCICIOS DE CONSTRUCCIÓN

Escriba en inglés la palabra o palabras indicada abajo de cada línea.

1. _____ _____?
      ¿Qué     desea Ud?

2. _____ _____ _____
      Yo deseo    ver    lo (a él)

3. _____ to see me today.
      El desea

4. _____ to speak _____ business with _____
      Ud. desea      acerca de         ella

5. _____ _____ _____ some things.
      Ella desea    dar    nos

6. the manager _____ _____ _____ .
               desea    ver    los (a ellos)

7. _____ _____ _____ some presents.
      Deseamos    traer    le (a ella)

8. _____ _____ _____ some things_____
      ¿Desea Ud.    traer    me           de
      New York?

9. Mary _____ _____ _____ a present.
            desea    dar    le (a Ud.)

10. _____ _____ _____ tomorrow.
    Uds. desean    ver    nos

11. _____ _____ _____ tomorrow?
    ¿Desean Uds.    ver    nos

12. _____ _____ _____ the United States soon.
    Ellos desean    ir    a

## WANT *TO* Y WANT *ME TO*

*a)* Patrones *afirmativos:* I WANT    *TO (eat)* = quiero (comer)
                          I WANT *HIM TO (eat)* = quiero *que él*
                                        (coma)

Obsérvese la posición de TO en ambos patrones y los verbos en infinitivo *(to eat, to go).*

| I | want | | *TO* | EAT | some fruit |
|---|------|------|------|-----|-----------|
| I | want | *him* | *TO* | EAT | some fruit |
| He | wants | | *TO* | GO | to school |
| He | wants | *you* | *TO* | GO | to school |

*b)* Patrones *interrogativos:*

    *DO* YOU WANT    *TO (go)?* = ¿quiere Ud. ir?
    *DO* YOU WANT *ME TO (go)?* = ¿quiere Ud. que yo vaya?

Obsérvese la posición de TO en ambos patrones y los verbos en infinitivo *(to buy, to study).*

| *DO* | you | want | | *TO* | BUY | a car? |
|------|-----|------|------|------|-----|--------|
| *DO* | you | want | *me* | *TO* | BUY | a car? |
| *DOES* | she | want | | *TO* | STUDY | English? |
| *DOES* | she | want | *us* | *TO* | STUDY | English? |

*c)* Patrones *negativos:* HE *DOESN'T* WANT    *TO (buy)* = él no quiere (comprar)
HE *DOESN'T* WANT *US TO (buy)* = él no quiere *que nosotros* compremos

Obsérvese la posición de TO en ambos patrones y los verbos en infinitivo *(to work, to play).*

| I | *DON'T* | want | | *TO* WORK | at night |
|---|---------|------|------|-----------|----------|
| I | *DON'T* | want | *her* | *TO* WORK | at night |
| He | *DOESN'T* | want | | *TO* PLAY | in the street |
| He | *DOESN'T* | want | *them* | *TO* PLAY | in the street |

Más verbos básicos:

| | | |
|---|---|---|
| *TO* PLAY | = | jugar |
| *TO* SWIM | = | nadar |
| *TO* TRAVEL | = | viajar |
| *TO* DO | = | hacer |
| *TO* STAY | = | permanecer, quedarse |
| *TO* SEE | = | ver |
| *TO* COME | = | venir |
| *TO* WRITE | = | escribir |
| *TO* READ | = | leer |

Palabras interrogativas básicas:

| | | |
|---|---|---|
| WHAT | = | ¿qué? |
| WHERE | = | ¿dónde? |
| WHEN | = | ¿cuándo? |
| AT WHAT TIME | = | ¿a qué hora? |
| WHY | = | ¿por qué? |
| HOW | = | ¿cómo? |
| HOW MUCH (MANY) | = | ¿cuánto (s)? |
| HOW LONG | = | ¿cuánto tiempo? |
| WHOM | = | ¿a quién? |

Otras palabras básicas:

| | | |
|---|---|---|
| ANYTHING | = | alguna cosa, nada (cuando se emplea después de una forma negativa) |
| NOTHING | = | nada |

27

|  |  |  |
|---|---|---|
| ANYWHERE | = | en alguna parte, en ninguna parte (cuando se emplea después de una forma negativa) |
| NOWHERE | = | en ninguna parte |
| ANYBODY | = | alguien, ninguno, nadie (cuando se emplea después de una forma negativa) |
| NOBODY | = | nadie |
| SOON | = | pronto |
| EVERY DAY | = | todos los días |
| EACH | = | cada |
| HERE | = | aquí |
| THERE | = | ahí, allá |

## CONVERSATION

–WHAT *DO* YOU WANT ⬚ *TO* EAT ⬚ ?

(¿Qué quiere Ud. comer? )

–I *DON'T* WANT ⬚ *TO* EAT ⬚ ANYTHING, BUT I WANT

(*HER*) ⬚ *TO* EAT ⬚ SOME FRUIT.

(Yo no quiero comer nada, pero quiero que ella coma *algo de* fruta)

–WHERE *DOES* RICHARD WANT ⬚ *TO* GO ⬚ ?
(¿Dónde quiere ir Ricardo? )

–HE *DOESN'T* WANT ⬚ *TO* GO ⬚ ANYWHERE, BUT HE WANTS

(*US*) ⬚ *TO* GO ⬚ TO THE LIBRARY.

(Él no quiere ir a ninguna parte, pero él quiere que nosotros vayamos a la biblioteca)

–*DOES* MARY WANT ⬚ *TO* GO ⬚ TO THE MOVIES?

(Quiere ir al cine María? )

28

—NO, SHE *DOESN'T* WANT | *TO* GO | THERE, BUT SHE
WANTS (ME) | *TO* GO | TO A PARTY WITH *HER*.

(No, ella no quiere ir ahí, pero ella quiere que yo vaya a una fiesta con ella).

—WHEN *DO* THEY WANT | *TO* PLAY | BASE-BALL?

(¿Cuándo quieren ellos jugar beisbol? )

—THEY *DON'T* WANT | *TO* PLAY | BASE-BALL NOW, BUT
THEY WANT (YOU) | *TO* PLAY | SOCCER WITH *THEM*
NEXT SATURDAY.
(Ellos no quieren jugar beisbol ahora, pero ellos quieren que tú juegues futbol con ellos el próximo sábado).

—AT WHAT TIME *DO* YOU WANT | *TO* SWIM | ?

(¿A qué hora quieren Uds. nadar? )

—WE *DON'T* WANT | *TO* SWIM | TODAY, BUT WE WANT
(HIM) | *TO* SWIM | EVERY DAY.

(No queremos nadar hoy, pero queremos que él nade todos los días)

—WHY *DOES* YOUR BROTHER WANT | *TO* TRAVEL | ALL
OVER THE WORLD?
(¿Por qué quiere tu hermano viajar por todo el mundo? )

—HE *DOESN'T* WANT | *TO* TRAVEL | THIS YEAR, BUT HE
WANTS (ME) | *TO* TRAVEL | NEXT SUMMER.

(Él no quiere viajar este año, pero él quiere que yo viaje el próximo verano)

—HOW *DO* YOU WANT | *TO* SPEAK | ENGLISH?

(¿Cómo quiere Ud. hablar inglés? )

–I WANT │ *TO* SPEAK │ ENGLISH FLUENTLY AND I WANT

(*THEM*) │ *TO* SPEAK │ *IT* FLUENTLY TOO.

(Quiero hablar inglés con soltura y quiero que ellos lo hablen con fluidez también).

–HOW MUCH *DO* THEY WANT │ *TO* BUY │ ?

(¿Cuánto quieren ellos comprar? )

–THEY *DON'T* WANT │ *TO* BUY │ ANYTHING, BUT THEY

WANT (*YOU*) │ *TO* BUY │ ONE DOZEN OF EACH.

(Ellos no quieren comprar nada, pero quieren que Ud. compre una docena de cada uno).

–HOW MANY THINGS *DOES* SHE WANT │ *TO* DO │ ?
(¿Cuántas cosas quiere ella hacer? )

–SHE *DOESN'T* WANT *TO* DO MANY THINGS, BUT SHE

WANTS (*HIM*) │ *TO* DO │ HIS WORK.

(Ella no quiere hacer muchas cosas, pero ella quiere que él haga su trabajo).

–HOW LONG *DOES* HE WANT │ *TO* STAY │ HERE?

(¿Cuánto tiempo quiere él permanecer aquí? )

–HE *DOESN'T* WANT │ *TO* STAY │ HERE LONG, BUT HE

WANTS (*US*) │ *TO* STAY │ ONE MONTH.

(Él no quiere quedarse aquí mucho tiempo, pero él quiere que nos quedemos un mes).

–WHOM *DOES* JOHN WANT │ *TO* SEE │ ?
(¿A quién quiere ver Juan? )

–JOHN *DOESN'T* WANT │ *TO* SEE │ ANYBODY, BUT HE

30

WANTS (HER) | TO SEE | THE MANAGER.

(Juan no quiere ver a nadie, pero él quiere que ella vea al gerente)

—DO JIMMY AND ALICE WANT MARY | TO COME | TO ME-XICO?

(¿Quieren Jaime y Alicia que María venga a México? )

—YES, THEY WANT (HER) | TO COME | TO MEXICO SOON.

(Sí, ellos quieren que ella venga a México pronto).

—DO YOU WANT YOUR SECRETARY | TO WRITE | A LETTER?

(¿Quiere Ud. que su secretaria escriba una carta? )

—YES, I WANT (HER) | TO WRITE | A LETTER TO NEW YORK.

(Sí, quiero que ella escriba una carta a Nueva York)

—WHAT DO YOU WANT | MR. DAVIES | TO DO ?

(¿Qué quiere Ud. que haga el Sr. Davies? )

—I WANT (HIM) | TO WRITE | A SALES REPORT.

(Quiero que él escriba un informe de ventas)

—DO YOU WANT (ME) | TO READ | THE SALES REPORT FOR YOU?

(¿Quiere Ud. que le lea a Ud. el informe de ventas? )

—YES, I WANT (YOU) | TO READ | IT FOR ME.

(Sí, quiero que me lo lea)

—WHAT DO YOU WANT (US) | TO READ |?

(¿Qué quiere Ud. que leamos? )

—I WANT (YOU) | TO READ | THE NEWSPAPER.

(Quiero que Uds. lean el periódico)

—*DOES* MY FATHER WANT | *TO* READ | THE NEWSPAPER?

( ¿Quiere mi padre leer el periódico? )

—HE *DOESN'T* WANT | *TO* READ | *IT*, BUT HE WANTS

(US) | *TO* READ | A GOOD BOOK.

(Él no quiere leer*lo,* pero él quiere que leamos un buen libro)

## VOCABULARIO CON FONÉTICA

| | | | |
|---|---|---|---|
| to want | *(tu uant)* | = | querer |
| anything | *(éniZing)* | = | alguna cosa, nada |
| nothing | *(nóZing)* | = | nada |
| library | *(láibreri)* | = | biblioteca |
| movies | *(múvis)* | = | cine |
| there | *(der)* | = | ahí, allá |
| party | *(párti)* | = | fiesta |
| to play | *(tu plei)* | = | jugar (o tocar un instrumento musical) |
| next | *(next)* | = | próximo, siguiente |
| when | *(juén)* | = | cuándo |
| Saturday | *(sáterdei)* | = | sábado |
| at what time | *(at juat taim)* | = | a qué hora |
| to swim | *(tu suím)* | = | nadar |
| every day | *(évri dei)* | = | todos los días (cada día) |
| to travel | *(tu trável)* | = | viajar |
| all over | *(ol óver)* | = | por todo |
| world | *(uérld)* | = | mundo |
| brother | *(bróder)* | = | hermano |
| this | *(dis)* | = | este |
| year | *(í-ar)* | = | año |
| Summer | *(sómer)* | = | verano |
| how | *(jao)* | = | cómo (interrogativo) |
| how much | *(jao moch)* | = | cuánto (a) |
| to buy | *(tu bái)* | = | comprar |
| one | *(uán)* | = | uno, una |
| dozen | *(dósen)* | = | docena |
| of | *(ov)* | = | de |
| each | *(ich)* | = | cada |
| how many | *(jao méni)* | = | cuántos (as) |

| things | (Zings) | = cosas |
| to do | (tu du) | = hacer |
| his | (jis) | = su (de él) |
| work | (uérc) | = trabajo |
| how long | jao long) | = cuánto tiempo |
| to stay | (tu stéi) | = permanecer, quedarse |
| long; | (long) | = largo, mucho tiempo |
| month | (monZ) | = mes |
| whom | (jum) | = a quién |
| John | (yon) | = Juan |
| to see | (tu si) | = ver |
| Jimmy | (yími) | = Jaime, Jaimito |
| to come | (tu com) | = venir |
| secretary | (sécreteri) | = secretaria |
| to write | (tu ráit) | = escribir |
| letter | (léter) | = carta |
| sales | (séils) | = ventas |
| report | (ripórt) | = informe |
| to read | (tu rid) | = leer |
| for | (for) | = para |
| newspaper | (niús-péiper) | = periódico |
| father | (fáder) | = padre, papá |
| book | (buc) | = libro |

## EJERCICIOS DE CONSTRUCCIÓN

Llene los espacios en blanco con *DO, DOES, DON'T* y *DOESN'T* según convenga.

1. _____ I wish to buy some clothes?

2. What kind of clothes _____ she wish to buy?

3. What _____ you wish to eat?

4. What _____ he wish to drink?

5. _____ Richard wish to buy some shoes too?

6. Where _____ they wish to go?

7. We _____ wish to buy clothes.

33

8. I _____ wish to go to New York.

9. They _____ wish to drink tea.

10. Henry _____ wish to eat a sandwich.

11. You _____ wish to eat chicken salad.

12. Alice _____ wish to drink coffee.

## EJERCICIOS DE CONSTRUCCIÓN

Escriba en inglés la palabra o palabras indicadas abajo de cada línea.

1. What do you want _____ ?
   que yo       haga

2. I want _____ _____ to the market.
   que Ud.     vaya

3. Mary wants _____ _____ a letter now.
   que él     escriba

4. Where do they want _____ _____ .
   que nosotros   vayamos

5. They want _____ to go _____ .
   que Uds.     ninguna parte

6. He doesn t want _____ _____ late at home.
   que ella     venga

7. I don t want _____ _____ _____ .
   que tú     veas     a nadie

8. _____ does he want _____
   ¿Cuánto tiempo     que nosotros

   _____ here?
   permanezcamos

9. _____ do you want _____ _____ now?
   ¿A quién     que yo     vea

34

10. My father_____ us _____ that book.
             no quiere        leamos

11. _____ apples  do  you  want _____
     ¿Cuántas                      que  ellos

_____
compren  ?

12. _____ _____ _____ every day.
    No queremos      que ella      nade

## PATRONES DE CONSTRUCCIÓN
## PARA EXPRESAR EL TIEMPO PRESENTE

Observe el verbo sin la partícula *to* para expresar hábito en tiempo presente.
Por otro lado, note la *S* en dicho verbo en la acción correspondiente a *he, she, it* en la forma afirmativa solamente.

| | | | | |
|---|---|---|---|---|
| I | | DRINK | coffee | *every morning.* |
| He | | DRINKS | milk | *every day.* |
| I | *don't* | DRINK | coffee | *every morning.* |
| He | *doesn't* | DRINK | milk | *every day.* |
| *Do* | I | DRINK | coffee | *every morning?* |
| *Does* | he | DRINK | milk | *every day?* |

Otros ejemplos ilustrativos:

        You  READ the newspaper every morning.
  You don't  READ the newspaper every morning.
     Do you  READ the newspaper every morning?

        She  WRITES many letters every day.
  She doesn't  WRITE  many letters every day.
    Does she  WRITE  many letters every day?

Thirteen basic actions in infinitive.

Trece acciones básicas en infinitivo.

| | | | | |
|---|---|---|---|---|
| 1 | *TO* SPEAK | (tus píc) | = | habl*AR* |
| 2 | *TO* BUY | (tu bai) | = | compr*AR* |
| 3 | *TO* WORK | (tu uérc) | = | trabaj*AR* |
| 4 | *TO* WALK | (tu uóc) | = | camin*AR* |
| 5 | *TO* FIND | (tu fáind) | = | encontr*AR* |
| 6 | *TO* EAT | (tu í-it) | = | com*ER* |
| 7 | *TO* DRINK | (tu drinc) | = | beb*ER* |
| 8 | *TO* READ | (tu rí-id) | = | le*ER* |
| 9 | *TO* SEE | (tu sí-i) | = | v*ER* |
| 10 | *TO* GET | (tu guet) | = | consegu*IR* |
| 11 | *TO* WRITE | (tu ráit) | = | escrib*IR* |
| 12 | *TO* SLEEP | (tus lí-ip) | = | dorm*IR* |
| 13 | *TO* LEAVE | (tu lí-iv) | = | sal*IR*, dej*AR* |

Empléase  *TO*  en la acción inmediata a los siguientes verbos:

| | | | |
|---|---|---|---|
| *To* want | *to* | (tu uant tu) | = querer (I want *to* speak English) |
| *To* like | *to* | (tu láic tu) | = gustar (He likes *to* eat fruit) |
| *To* have | *to* | (tu jav tu) | = tener que |
| *To* intend | *to* | (tu inténd tu) | = tener pensado |
| *To* need | *to* | (tu ní-id tu) | = necesitar |
| *To* expect | *to* | (tu expéct tu) | = esperar |
| *To* wish | *to* | (tu wish tu) | = desear |

---

Observe el empleo de la *S* en *speak*S solamente en he, she, it.

| | | | | |
|---|---|---|---|---|
| I | SPEAK | English | in the office | *every day.* |
| You | SPEAK | Spanish | in school | *every day.* |
| | | | | |
| He | SPEAK*S* | to *me* | in the factory | *every day.* |
| She | SPEAK*S* | to *you* | in school | *every day.* |
| It | SPEAK*S* | to *me* | at home | *every day.* |
| | | | | |
| We | SPEAK | English | in school | *every day.* |
| You | SPEAK | Spanish | at home | *every day.* |
| They | SPEAK | to *me* | in English | *every day.* |

## VOCABULARIO CON FONÉTICA

| Every day | (évri dei) | = todos los días |
|-----------|-----------|------------------|
| English | (ínglish) | = inglés |
| Spanish | (spánish) | = español |
| in the office | (in di ófis) | = en la oficina |
| in the factory | (in di fáctori) | = en la fábrica |
| in school | (in scúl) | = en la escuela |
| at home | (at jóum) | = en la casa |
| to me | (tu mi) | = a mí |
| to you | (tu iú) | = a usted |

## EJERCICIOS

Tomando como guía los patrones anteriores, cambie las oraciones que aparecen arriba en la gráfica al (1) interrogativo y (2) al negativo.

Construya las siguientes oraciones en inglés.

1. Ricardo toma café en la mañana.
2. Él no toma leche en la mañana.
3. ¿Toma leche Ricardo en la mañana.
4. ¿Tomo yo café en la mañana?
5. ¿Toma Ud. leche en la mañana?
6. ¿Qué como yo en la mañana?
7. ¿Qué come él en la mañana?
8. ¿Qué come ud. en la mañana?
9. ¿Cuándo come Ricardo huevos?
10. ¿Cuándo como yo huevos?
11. Yo no como huevos en la mañana.
12. ¿Dónde hablo yo inglés todos los días?
13. ¿Dónde habla él inglés todos los días?
14. ¿Dónde habla Ud. inglés todos los días?
15. ¿Habla Ricardo inglés en la oficina todos los días?
16. ¿Habla Ud. inglés todos los días?
17. Él no habla inglés todos los días?
18. Yo no hablo inglés en la fábrica.
19. Ud. no habla inglés todos los días.
20. Nosotros hablamos inglés todos los días.

## GRÁFICA COMPARANDO EL AFIRMATIVO
## E INTERROGATIVO EN DOCE ACCIONES BÁSICAS

Observe el empleo de *DO* en las preguntas de la gráfica de abajo.

| you | *eat* | | two eggs | every day. |
|-----|-------|---|----------|------------|
| You | *drink* | | some coffee | every morning. |
| You | *buy* | | some clothes | every month. |
| You | *get* | | some goods | every week. |
| You | *write* | | some letters | every month. |
| You | *work* | in | the office | every day. |
| You | *walk* | to | the office | every morning. |
| You | *sleep* | in | a bed | every night. |
| You | *read* | | the newspaper | every night. |
| You | *see* | | the people | every day. |
| You | *leave* | | home early | every morning. |
| You | *find* | | English | interesting. |

| *D O* | you | *eat* | two eggs | every day? |
|-------|-----|-------|----------|------------|
| *D O* | you | *drink* | some coffee | every morning? |
| *D O* | you | *buy* | some clothes | every month? |
| *D O* | you | *get* | some goods | every week? |
| *D O* | you | *write* | some letters | every month? |

Léanse estos dos cuadros de construcción oralmente

38

Advierta ahora que con el sujeto *he, John, she* o *Mary*, todas las acciones en presente terminan en S cuando se afirma. Observe abajo, el uso de DOES para preguntar, así como también la omisión de la S en los verbos, ya que ésta pasa a dicho auxiliar.

| He | *eat*S | two eggs | every day. |
|------|--------|----------|------------|
| John | *drink*S | some coffee | every morning. |
| She | *buy*S | some clothes | every month. |
| Mary | *get*S | some goods | every week. |
| He | *write*S | some letters | every month. |
| John | *work*S | in the office | every day. |
| She | *walk*S | to the office | every morning. |
| Mary | *sleep*S | in a bed | every night. |

| DOES | he | *eat* | two eggs | every day? |
|------|------|--------|----------|------------|
| DOES | John | *drink* | some coffee | every morning? |
| DOES | she | *buy* | some clothes | every month? |
| DOES | Mary | *get* | some goods | every week? |
| DOES | he | *write* | some letters | every month? |
| DOES | John | *work* | in the office | every day? |
| DOES | she | *walk* | to the office | every morning? |
| DOES | Mary | *sleep* | in a bed | every night? |

Léanse estos dos cuadros de construcción oralmente

39

Observe en estas oraciones negativas el empleo de *DON'T* después de *I, you, we, they* y *DOESN'T* después de *he, she, it*. Advierta también *any* en lugar de *some* para negar y cuya traducción es: *nada o ninguno*(s).

| I | *DON'T* | *eat* | two eggs | every day. |
|---|---------|-------|----------|------------|
| You | *DON'T* | *drink* | *any* coffee | in the morning. |
| We | *DON'T* | *buy* | *any* clothes | in New York. |
| They | *DON'T* | *get* | *any* goods | in Chicago. |
| You | *DON'T* | *write* | *any* letters | in the office. |

| He | *DOESN'T* | *eat* | two eggs | every day. |
|----|-----------|-------|----------|------------|
| Robert | *DOESN'T* | *drink* | *any* coffee | in the morning. |
| She | *DOESN'T* | *buy* | *any* clothes | in New York. |
| Mary | *DOESN'T* | *get* | *any* goods | in Chicago |
| John | *DOESN'T* | *write* | *any* letters | in the office |

Léanse estos dos cuadros de construcción oralmente

NOTA: Empléanse los auxiliares *DO, DON'T, DOES* y *DOESN'T* en todos los verbos en tiempo presente con excepción del verbo *SER* o *ESTAR* (To Be) cuyo cuadro de construcción se encuentra en la página 43.

Llene los espacios en blanco con *DO, DOES, DON'T* o *DOESN'T* de acuerdo con las oraciones siguientes:

1. _____ I eat two eggs every morning?

2. _____ you eat two eggs every day?

3. _____ Richard drink some coffee every morning?

4. _____ you sleep 8 hours every day?

5. _____ he read the newspaper every morning?

6. _____ I read the newspaper every morning?

7. _____ you read the newspaper every morning?

8. _____ you write letters every month?

9. _____ I write letters every month?

10. _____ Mary write letters every week?

11. I _____ see the people every day.

12. She _____ see the people every day.

13. You _____ eat two eggs every day.

14. Richard _____ drink coffee every morning.

15. You _____ sleep 8 hours every day.

16. He _____ read the newspaper every morning.

17. I _____ read the newspaper every day.

18. You _____ buy clothes every month.

19. Mary _____ find English interesting.

20. I _____ get very much money every month.

# COLORS

| white | (juáit) | = | blanco |
|-------|---------|---|--------|
| black | (blac) | = | negro |
| brown | (bráun) | = | café |
| green | (griin) | = | verde |
| blue | (blu) | = | azul |
| gray | (grei) | = | gris |
| yellow | (iélou) | = | amarillo |
| pink | (pinc) | = | rosado |
| red | (red) | = | rojo |
| violet | (váiolet) | = | morado |

# DAYS OF THE WEEK

| Sunday | (sondi) | = | domingo |
|--------|---------|---|---------|
| Monday | (mondi) | = | lunes |
| Tuesday | (tiúsdei) | = | martes |
| Wednesday | (uénsdei) | = | miércoles |
| Thursday | (zérsdei) | = | jueves |
| Friday | (fráidei) | = | viernes |
| Saturday | (sáturdei) | = | sábado |

# SEASONS OF THE YEAR

| Spring | (spring) | = | primavera |
|--------|----------|---|-----------|
| Summer | (sómer) | = | verano |
| Fall | (fol) | = | otoño |
| Autumn | (ótom) | = | otoño |
| Winter | (uínter) | = | invierno |

# VERBOS EN INFINITIVO

| to do | (tu du) | = | hacer |
|-------|---------|---|-------|
| tu know | (tu nou) | = | saber, conocer |
| to come | (tu com) | = | venir |
| to play | (tu plei) | = | jugar, tocar un instrumento |
| to stay | (tu stei) | = | permanecer, quedarse |

NOTA: Téngase en mente que el adjetivo en inglés siempre precede al nombre o sustantivo.

En el idioma inglés los días de la semana, meses y estaciones del año se escriben con mayúscula.

# EMPLEO DE *AM, IS, ARE* PARA LA CONSTRUCCIÓN DEL PRESENTE DEL VERBO *TO BE* (ser o estar)

| 1 | 2 | 3 | 2 | 1 | 3 |
|---|---|---|---|---|---|
| I | *AM* | a student | *AM* | I | a student? |
| He | *IS* | a teacher | *IS* | he | a teacher? |
| They | *ARE* | students | *ARE* | they | students? |

## COMENTARIOS

Observe la posición de *AM, IS, ARE* en la gráfica de la izquierda, o sea en las afirmaciones, y compárese con la de la derecha, es decir en las preguntas. Nótese en dicha comparación que 1 y 2 (afirmaciones) se invierte a 2 y 1 (preguntas). *IS* se emplea con *he, she, it* y *ARE* con *you* (singular), *we*, *you* (plural), *they*.

Nótese ahora la palabra NOT inmediatamente después de *am, is, are* en las negaciones.

| I | *am* | NOT | a student. |
|---|---|---|---|
| He | *is* | NOT | a teacher. |
| They | *are* | NOT | students. |

## COMENTARIOS

Pueden asimismo emplearse las siguientes formas contraídas: I'*m* NOT, you'*re* NOT, he'*s* NOT, she'*s* NOT, it'*s* NOT, we'*re* NOT, you'*re* NOT (plural) y they'*re* NOT.
En la forma afirmativa se emplean también dichas contracciones pero, claro está, prescindiendo de la partícula negativa NOT: I'*m*, you'*re*, he'*s*, etc.

Observe el empleo de *IS* en palabras como *my friend, Mary,* etc. y *ARE* en *my friends, Mary and Alice,* etc. Asimismo advierta que la palabra *AM* sólo se emplea con el sujeto *I.*

| I | *AM* | busy. |
|---|---|---|
| My friend | *IS* | from Chicago |
| Mary | *IS* | friendly |
| Mr. Davies | *IS* | busy |
| Henry | *IS* | happy |
| My friends | *ARE* | from Chicago |
| Mary and Alice | *ARE* | friendly |
| Mr. Davies and I | *ARE* | busy |
| Henry and you | *ARE* | happy |

### COMENTARIOS

Aquí se utiliza *IS* cuando el sujeto es uno y referente a una tercera persona o cosa. En cambio, si hay más de un sujeto debe emplearse *ARE*.

### PRÁCTICA

Con el objeto de forzar una alternativa entre el uso de *AM, IS* y *ARE;* fórmense afirmaciones y preguntas con las palabras que a continuación hemos enumerado. Ejemplo: 1.– *I, a student: I AM a student. AM I a student?*

1. I, a student
2. You, my friend
3. Mr. Davies, my teacher
4. The student, busy
5. Americans, friendly
6. They, busy
7. Henry, from Chicago
8. We, in the office
9. Mary, happy
10. Mary and Alice, friends
11. I, in the office
12. You, an English teacher
13. English, easy to learn
14. It, interesting to speak English

44

Algunas palabras básicas:

|  |  |  |
|---|---|---|
| NURSE | = | enfermera |
| TYPIST | = | mecanógrafa (o) |
| LAWYER | = | abogado |
| ENGINEER | = | ingeniero |
| THE SAME | = | lo mismo |
| DIFFERENT | = | diferente |
| FRIENDS | = | amigos |
| NEIGHBORS | = | vecinos |
| RELATIVES | = | parientes |
| THIS | = | esto, éste |
| THAT | = | eso, aquello |
| ONLY | = | sólo, solamente |

Otros ejemplos ilustrativos:

| | |
|---|---|
| Mary *is* my friend | (María es mi amiga) |
| She's a nurse | (Ella es enfermera) |
| She's not a typist | (Ella no es mecanógrafa) |
| *Is* John a lawyer? | (¿Es Juan abogado? ) |
| He's not a lawyer | (Él no es abogado) |
| He's an[1] engineer | (El es ingeniero) |
| *Is* this the same? | (¿Es esto lo mismo? ) |
| It's not the same | (No es lo mismo) |
| It's different | (Es diferente) |
| *Are* we neighbors? | (¿Somos vecinos? ) |
| We're not neighbors | (No somos vecinos) |
| We're friends· | (Somos amigos) |
| *Are* you relatives? | (¿Son ustedes parientes? ) |
| You're not relatives | (Ustedes no son parientes) |
| You're only friends | (Ustedes son solamente amigos) |

---

[1] Agrégasele una *n* al artículo *a* cuando la palabra que le sigue empieza con vocal. Ejemplo:

*An* apple = una manzana

45

# VOCABULARIO CON FONÉTICA

| | | | |
|---|---|---|---|
| Mexican | *(méxican)* | = | mexicano (a) |
| American | *(américan)* | = | americano (a) |
| European | *(iúropean)* | = | europeo (a) |
| man | *(man)* | = | hombre |
| men | *(men)* | = | hombres |
| woman | *(uúman)* | = | mujer |
| women | *(uímen)* | = | mujeres |
| boy | *(boi)* | = | muchacho |
| girl | *(guerl)* | = | muchacha |
| handsome | *(jándsom)* | = | bien parecido, guapo |
| pretty | *(príti)* | = | bonita (o) |
| good-looking | *(gud lúquing)* | = | agraciado (a), bien parecido (a) |
| beautiful | *(biútiful)* | = | bello (a), hermoso (a) |
| nice | *(náis)* | = | agradable, simpático (a) |
| young | *(ióng)* | = | joven (es) |
| old | *(oúld)* | = | viejo (a) (s) |
| tall | *(tol)* | = | alto (a) (os) (as) |
| short | *(short)* | = | bajo (a) (os) (as) |
| fat | *(fat)* | = | gordo (a) (os) (as) |
| thin | *(Zin)* | = | delgado (a) (os) (as) |
| wide | *(uáid)* | = | ancho (a) (os) (as) |
| narrow | *(nárrou)* | = | angosto (a) (os) (as) |
| expensive | *(expénsiv)* | = | caro (a) (os) (as) |
| cheap | *(chip)* | = | barato (a) (os) (as) |
| nurse | *(ners)* | = | enfermera |
| typist | *(táipist)* | = | mecanógrafa (o) |
| lawyer | *(lóier)* | = | abogado |
| engineer | *(ínyinir)* | = | ingeniero |
| the same | *(di seim)* | = | lo mismo |
| different | *(díferent)* | = | diferente |
| friends | *(frénds)* | = | amigos |
| friendly | *(fréndli)* | = | amigable, amistoso |
| neighbors | *(néibors)* | = | vecinos |
| relatives | *(rélativs)* | = | parientes, familiares |
| this | *(dis)* | = | esto, este |
| that | *(dat)* | = | eso (a), aquello (a) |
| only | *(oúnli)* | = | sólo, solamente |
| happy | *(jápi)* | = | feliz |
| from | *(from)* | = | de, desde (indicando procedencia |

## EMPLEO DE *AM, IS, ARE* CON LAS FORMAS
## VERBALES TERMINADAS EN *ING* (ando o iendo)

| 1 | 2 | 3 | 2 | 1 | 3 |
|---|---|---|---|---|---|
| I | *AM* | speak*ING* | *AM* | I | speak*ING?* |
| He | *IS* | eat*ING* | *IS* | he | eat*ING?* |
| They | *ARE* | read*ING* | *ARE* | they | read*ING?* |

### COMENTARIOS

Observe el cambio de posición de los factores 1 y 2 del afirmativo a 2 y 1 del interrogativo, o sea que en este último, *AM, IS, ARE*, se anteponen a *I, he, they*.

Nótese asimismo en el factor 3 de ambas formas, que a los verbos en su forma simple *(speak, eat, read)*, se agrega la terminación *ING* la cual equivale en castellano a las desinencias *ando o iendo:* hablando, comiendo.

Observe en esta forma negativa la partícula *not* inmediatamente después de las formas contraídas I*'m*, he*'s*, they *re*, etc.

| I*'M* | *not* | speak*ING.* |
|---|---|---|
| He*'S* | *not* | eat*ING.* |
| They*'RE* | *not* | read*ING.* |

### COMENTARIOS

Advierta también la terminación *ING (ando o iendo)* añadida a *speak, eat, read*, etc.

# CONVERSATION

–WHAT *ARE* YOU DOING NOW?
(¿Qué está Ud. haciendo ahora? )

–I *AM* DOING MY HOME-WORK
(Estoy haciendo mi tarea)

–WHAT *IS* THE BOY DOING NOW?
(¿Qué está haciendo el muchacho ahora? )

–HE *IS* PLAYING
(Él está jugando)

–WHERE *IS* HE PLAYING NOW?
(¿Dónde está él jugando ahora? )

–HE *IS* PLAYING IN THE YARD
(Él está jugando en el patio)

–WHOM *IS* HE PLAYING WITH?
(¿Con quién está él jugando? )

–HE *IS* PLAYING WITH A FRIEND
(Él está jugando con un amigo)

–WHEN *ARE* HELEN AND RICHARD COMING?
(¿Cuándo vienen Elena y Ricardo? )

–THEY *ARE* COMING TOMORROW
(Ellos vienen mañana)

–*ARE* YOU EATING AN ORANGE NOW?
(¿Está Ud. comiendo una naranja ahora? )

–NO, I *AM* NOT
(No)

–*ARE* WE SPEAKING ENGLISH NOW?
(¿Estamos hablando inglés ahora? )

–YES, WE *ARE.*
(Sí)

—AT WHAT TIME *IS* MARY COMING?
(¿A qué hora viene María? )

—SHE *IS* COMING AT FIVE O'CLOCK
(Ella viene a las cinco)

—*IS* IT RAINING NOW?
(¿Está lloviendo ahora? )

—YES, IT *IS*
(Sí)

—WHAT *IS* BETTY WRITING NOW?
(¿Qué está escribiendo Beatriz ahora? )

—SHE *IS* WRITING A LETTER
(Ella está escribiendo una carta)

—WHAT *IS* HENRY READING NOW?
(¿Qué está leyendo Enrique ahora? )

—HE *IS* READING A BOOK
(Él está leyendo un libro)

**Práctica 1**

Cambie las siguientes oraciones a la forma *ING.*

1. I speak English.
2. You work in the office.
3. George writes letters.
4. We listen to the teacher.
5. It rains very hard.
6. The students read the lesson.
7. Richard plays in the yard.
8. You drink some coffee.
9. They sleep in the bedroom.
10. Alice eats an apple.
11. I run in the yard.
12. The girl sweeps the floor.
13. You buy shoes.
14. John comes here.
15. Peter and Robert do their home-work.

## Práctica 2

Ahora cambie cada una de estas 15 oraciones a la forma interrogativa y después a la negativa. Emplee la forma *ING*.

## MEMBERS OF THE FAMILY

| Members | (mémbers) | = miembros, socios |
|---|---|---|
| family | (fámili) | = familia |
| father | (fáder) | = padre |
| grand-father | (grand-fáder) | = abuelo |
| mother | (móder) | = madre |
| grand-mother | (grand-móder) | = abuela |
| son | (son) | = hijo |
| grand-son | (grand-son) | = nieto |
| daughter | (dóter) | = hija |
| grand-daughter | (grand-dóter) | = nieta |
| brother | (bróder) | = hermano |
| sister | (síster) | = hermana |
| uncle | (óncol) | = tío |
| aunt | (ont) | = tía |
| cousin | (cósin) | = primo (a) |
| husband | (jósband) | = esposo |
| wife | (uáif) | = esposa |
| brother-in-law | (bróder-in-ló) | = cuñado |
| sister-in-law | (síster-in-ló) | = cuñada |
| father-in-law | (fáder-in-ló) | = suegro |
| mother-in-law | (móder-in-ló) | = suegra |
| son-in-law | (son-in-ló) | = yerno |
| daughter-in-law | (dóter-in-ló) | = nuera |

## SEGUNDO VOCABULARIO

| Friend | (frend) | = amigo (a) |
|---|---|---|
| enemy | (énemi) | = enemigo (a) |
| boy-friend | (boi-frend) | = novio (no oficial), amigo |
| girl-friend | (guerl-frend) | = novia (no oficial), amiga |
| fiancé | (fiansé) | = prometido |
| fiancée | (fiansé) | = prometida* (pronúnciese igual) |
| sweet-hearts | (suit-jarts) | = novios |
| married | (márrid) | = casado, casados |
| single | (síngol) | = soltero, solteros; sencillo |
| divorced | (divorst) | = divorciado (a) |

| separated | (sépareited) | = | separados (as) |
|---|---|---|---|
| together | (tuguéder) | = | juntos (as) |
| age | (eich) | = | edad |
| occupation | (okiupéshien) | = | ocupación |
| religion | (rilíyien) | = | religión |
| catholic | (cázolic) | = | católico (a) |
| protestant | (prótestant) | = | protestante |
| jewish | (yúish) | = | judío (a) |
| old | (óuld) | = | viejo (a) |
| lawyer | (lóier) | = | abogado |
| law-office | (lo-ófis) | = | bufete |
| technicians | (tecníshians) | = | técnicos |
| employees | (emplóies) | = | empleados |
| employer | (emplóier) | = | el que da empleo |
| visitors | (vísitors) | = | visitantes |
| boarding-house | (bórding-jaus) | = | casa de huéspedes, pensión |
| fine | (fáin) | = | fino, bien de salud |
| sick | (sic) | = | enfermo (a) |
| what part | (juat part) | = | qué parte |
| what's | (juats) | = | what is (qué es o está ) |
| American | (américan) | = | americano (a) |
| concern | (concérn) | = | compañía, firma |
| alone | (alóun) | = | solo (a) |
| born | (born) | = | nacido |

## EXPRESIONES IDIOMÁTICAS

| | | |
|---|---|---|
| How old *are* you? | = | ¿Cuántos años tiene Ud? (Literal: ¿cómo viejo es Ud? |
| I *am* twenty years old | = | yo tengo veinte años (Lit: soy veinte años viejo) |
| How old *is* he? | = | ¿Cuántos años tiene él? |
| He *is* ten years old | = | él tiene diez años |
| Where *were* you born? | = | ¿Dónde nació Ud.? (Lit: ¿dónde fue Ud. nacido? ) |
| I *was* born. . . | = | Yo nací (Lit: yo fui nacido. . .) |
| You *were* born. . . | = | Tú naciste |
| She *was* born. . . | = | Ella nació |
| We *were* born. . . | = | Nosotros nacimos |
| They *were* born. . . | = | Ellos (as) nacieron |
| What year *was* he born *in?* | = | ¿En qué año nació él? |
| What day *was* I born *on?* | = | ¿En qué día nací yo? |

# CÓMO FORMAR EL CASO POSESIVO
## DE LOS SUSTANTIVOS EN INGLÉS

El caso posesivo denota pertenencia. Observe que en esta gráfica se expone el poseedor o dueño 'S (apóstrofe y S) seguido de la cosa poseída. Ejemplo:

My father'S book = El libro de mi padre

| | |
|---|---|
| Mary'S | brothers and sisters |
| My brother'S | father in law |
| My sister'S | children |
| My mother'S | brothers and sisters |
| My uncle'S | ranch |
| My friend'S | teacher |
| My friends' | family |
| My parents' | friends |

## COMENTARIOS

En los casos en que el sustantivo o sustantivos terminan en *s*, ya no se añade esa misma consonante, sino solamente el apóstrofe ('). Tal es el caso del posesivo sajón de:

My parents' friends = los amigos de mis padres

## PRACTICA

Practique el posesivo sajón traduciendo al inglés las siguientes oraciones:

1. El libro de mi padre.
2. La madre de mi esposa.
3. Los amigos de mi hermano.
4. El auto de Juan.
5. El hermano de Elena.
6. La hermana de Pedro.
7. Un día de trabajo.
8. La tía de Carlos.
9. El tío de Alicia.
10. El suegro de mi hermano.
11. La cuñada de mi hermana.
12. La suegra de mi primo.
13. El yerno de mi padre.
14. La nuera de mi madre.
15. El sobrino de María.
16. La sobrina de Ricardo.
17. El nieto de mi hermano.
18. La nieta de mi hermana.
19. Los nietos de mis padres.
20. La casa de Pedro.

| Adjetivos posesivos | Pronombres posesivos |
|---|---|
| MY       (mai) = mi<br>YOUR   (iór)  = tu o su<br><br>HIS       (jis)   = su (de él)<br>HER     (jer)   = su (de ella)<br>ITS       (its)   = su (del neutro)<br><br>OUR     (áur)  = nuestro<br>YOUR   (iór)   = vuestro, su de<br>                     ustedes.<br>THEIR (der) = su de ellos(as) | MINE     (máin) = mío<br>YOURS  (iórs)   = tuyo, suyo (de<br>                       usted)<br>HIS        (jis)    = suyo (de él)<br>HERS     (jers)   = suyo (de ella)<br>ITS         (its)    = suyo (del neu-<br>                       tro)<br>OURS    (áurs)  = de nosotros<br>YOURS  (iórs)   = de vos. o de<br>                       ustedes.<br>THEIRS (ders)  = de ellos(as) |

| Artículos determinados | Artículos indeterminados |
|---|---|
| (singular) THE (di) = el, la, lo<br><br>(plural)     THE (di) = los, las | (sing) A        (ei)     = un, una<br><br>(plu.) SOME (som) = unos, unas<br>                      (algo, algún,<br>                      algunos(as) |

| Adjetivos demostrativos |
|---|

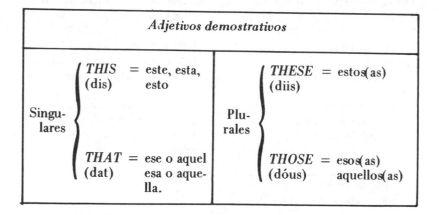

53

## EJERCICIOS

Lea primeramente cada una de las siguientes oraciones en voz alta y a continuación cámbielas oralmente a las formas negativas, e interrogativas.

| | |
|---|---|
| This is *my* book. | Éste es mi libro. |
| These are *my* books. | Éstos son mis libros. |
| These books are *mine.* | Estos libros son míos. |
| | |
| That is *my* pencil. | Ése es mi lápiz. |
| Those are *my* pencils. | Esos son mis lápices. |
| Those pencils are *mine.* | Ésos lápices son míos. |
| | |
| This is *your* note-book. | Éste es tu cuaderno. |
| These are *your* note-books. | Éstos son tus cuadernos. |
| These note-books are *yours.* | Estos cuadernos son tuyos. |
| | |
| That is *his* pen. | Aquélla es su pluma (de él) |
| Those are *his* pens. | Aquéllas son sus plumas (de él) |
| Those pens are *his.* | Aquellas plumas son de él. |
| | |
| This is *her* eraser[1]. | Éste es su borrador (de ella) |
| These are *her* erasers. | Éstos son sus borradores (de ella) |
| These erasers are *hers.* | Estos borradores son de ella. |
| | |
| That is *its* inhabitant[2]. | Aquél es su habitante. |
| Those are *its* inhabitants | Aquéllos son sus habitantes. |
| Those inahabitants are of Mexico City. | Aquellos habitantes son de la ciudad de México. |
| | |
| This is *our* city. | Ésta es nuestra ciudad. |
| These are *our* cities. | Éstas son nuestras ciudades. |
| These cities are *ours.* | Estas ciudades son nuestras. |
| | |
| That is *their* hotel. | Ése es su hotel (de ellos) |
| Those are *their* hotels. | Ésos son sus hoteles (de ellos) |
| Those hotels are *theirs.* | Esos hoteles son de ellos. |

---

[1] Pronúnciese *irréiser.*
[2] Pronúnciese *injábitant.*

```
        WHOSE (jus)       =  de quién, de quiénes
  Whose book   is   this ?  =  ¿de quién es este libro?
  Whose books are these?  =  ¿de quiénes son estos libros?
```

## CONVERSATION

—*WHOSE* PENCIL IS *THIS?* ?
( ¿De quién es este lápiz? )

—*IT'S MINE*
(Es mío)

—*WHOSE* BOOK IS *THAT?*
( ¿De quién es ese libro? )

*THAT'S YOURS*
(Es tuyo)

—*WHOSE* BOOKS ARE *THESE?*
( ¿De quiénes son estos libros? )

—THEY'RE *HIS* AND *HERS*
(Son de él y de ella)

—*WHOSE* PENCILS ARE *THOSE?*
( ¿De quién son esos lápices? )

—THEY'RE *HERS*
(Son de ella)

—*WHOSE* HOUSE IS *THIS?*
( ¿De quién es esta casa? )

—*IT'S OURS*
(Es nuestra)

55

—*WHOSE* BILL IS *THAT?*
( ¿De quién es esa cuenta? )

—*THAT'S YOURS*
(Es de ustedes)

—*WHOSE* PENS ARE *THESE?*
( ¿De quiénes son estas plumas? )

—*THESE* PENS ARE *THEIRS*
(Estas plumas son de ellos)

—THEY'RE *THEIRS*
(Son de ellos)

—*WHOSE* CAR IS *THAT?*
( ¿De quién es ese auto? )

—*THAT'S* HENRY'S
(Ése es de Enrique)

—*IT'S* HENRY'S
(Es de Enrique)

—*WHOSE* THINGS ARE *THOSE?*
( ¿De quiénes son aquellas cosas? )

—THEY'RE SUSAN'S AND MARY'S
(Son de Susana y María)

—*WHOSE* CAR IS *THIS?*
( ¿De quién es este auto? )

—*IT'S* MY FATHER'S
(Es de mi padre)

# EMPLEO DE *WAS* Y *WERE* PARA LA CONSTRUCCIÓN DEL PASADO DEL VERBO *TO BE* (ser o estar)

| 1 | 2 | 3 | | 2 | 1 | 3 |
|---|---|---|---|---|---|---|
| I | *WAS* | sick | *yesterday* | *WAS* | I | sick? |
| You | *WERE* | rich | *before* | *WERE* | you | rich? |
| He | *WAS* | busy | *yesterday* | *WAS* | he | busy? |
| We | *WERE* | here | *yesterday* | *WERE* | we | here? |
| They | *WERE* | poor | *before* | *WERE* | they | poor? |

## COMENTARIOS

Observe la posición de *WAS* y *WERE* en la gráfica de la izquierda, o sea en las afirmaciones y compárese con la de la derecha, es decir en las preguntas. Nótese en dicha comparación que 1 y 2 (afirmaciones) se invierte a 2 y 1 (preguntas). *WAS* se emplea con *I*, *he*, *she*, *it* y *WERE* con *you* (singular y plural), *we* y *they*.

Nótese ahora la palabra NOT inmediatamente después de *was* y *were* para construir la forma negativa.

| I | *was* | NOT | sick | *yesterday.* |
|---|---|---|---|---|
| You | *were* | NOT | rich | *before.* |
| He | *was* | NOT | busy | *yesterday.* |
| They | *were* | NOT | here | *yesterday.* |

## COMENTARIOS

Pueden asimismo emplearse las siguientes formas contraídas: I *was*N'T, you *were*N'T (singular y plural), he *was*N'T, she *was*N'T, it *was*N'T, we *were*N'T, they *were*N'T.
En la forma afirmativa no existen contracciones.

Observe el empleo de *WAS* en palabras que denotan número singular como *I, he, my friend, she, Mary* y *WERE* en las que indican pluralidad como *we, I and Richard, they, Mary and Alice, you* (singular y plural), *Henry and you,* cuando todo esto expresa un *tiempo pasado*.

| | | | |
|---|---|---|---|
| I | WAS | very tired | yesterday. |
| My friend | WAS | very sick | yesterday. |
| Mary | WAS | very happy | yesterday. |
| He | WAS | very angry | yesterday. |
| Mr. Davies | WAS | very busy | yesterday. |
| We | WERE | very tired | yesterday. |
| My friends | WERE | very happy | yesterday. |
| Mary and Alice | WERE | very sick | yesterday. |
| They | WERE | very angry | yesterday. |
| Henry and you | WERE | very busy | yesterday. |

## COMENTARIOS

Aquí se emplea *WAS* en tiempo pasado cuando el sujeto es uno o referente a una persona o cosa. En cambio, si hay más de un sujeto debe emplearse *WERE*.

## Práctica

Con el objeto de forzar una alternativa entre el empleo de *WAS* o *WERE,* fórmense afirmaciones y preguntas que a continuación hemos enumerado. Ejemplo: *I, a student before: I WAS a student before. WAS I a student before?*

1. I, student before.
2. You, my friend before.
3. Mr. Davies, my teacher before.
4. The students, busy yesterday.
5. American, friendly yesterday.
6. They, busy before.
7. Henry, happy yesterday.
8. We, in the office yesterday.
9. Mary, tired yesterday.
10. Mary and Alice, friends before.
11. I, in the office yesterday.
12. You, an English teacher before.
13. It, cold yesterday.
14. Susan, pretty before.

# EMPLEO DE *WAS* Y *WERE* CON LAS FORMAS VERBALES QUE TERMINAN EN *ING* (ando o iendo)

| 1 | 2 | 3 | 2 | 1 | 3 |
|------|------|---------|------|------|----------|
| I | *WAS* | speak*ING* | *WAS* | I | speak*ING?* |
| You | *WERE* | sleep*ING* | *WERE* | you | sleep*ING?* |
| He | *WAS* | eat*ING* | *WAS* | he | eat*ING?* |
| They | *WERE* | read*ING* | *WERE* | they | read*ING?* |

## COMENTARIOS

Observe el cambio de posición de los factores 1 y 2 del afirmativo a 2 y 1 correspondientes al interrogativo, o sea que en este último *WAS* y *WERE* se anteponen a los sujetos *I, you, he, they.*

Nótese asimismo que el factor 3 no sufre modificación en ambas formas y a que los verbos en su forma simple *(speak, sleep, eat, read)* se les agrega la terminación *ING*, la cual equivale en castellano a las desinencias *ando* o *iendo:* hablando, durmiendo.

Observe en esta forma negativa la contracción N'T (not) inmediatamente después de los verbos en pasado *WAS* y *WERE:*

*was*n't = *was* not y *were*n't = *were* not.

| I | *WASN'T* | speak*ING*. |
|------|----------|-------------|
| You | *WEREN'T* | sleep*ING*. |
| He | *WASN'T* | eat*ING*. |
| They | *WEREN'T* | read*ING*. |

## COMENTARIOS

Advierta también la terminación *ING (ando* o *iendo)* añadida a *speak, sleep, eat, read,* etc.

# CONVERSATION

—WHAT *WERE* YOU DOING YESTERDAY?
(¿Qué estaba Ud. haciendo ayer? )

—I *WAS* RESTING
(Yo estaba descansando)

—WHERE *WERE* YOU RESTING YESTERDAY?
(¿Dónde estaba Ud. descansando ayer? )

—I *WAS* RESTING AT HOME
(Yo estaba descansando en casa)

—HOW LONG *WERE* YOU RESTING YESTERDAY?
(¿Cuánto tiempo estuvo Ud. descansando ayer? )

—I *WAS* RESTING ALL DAY
(Yo estuve descansando todo el día)

—*WAS* YOUR BROTHER WORKING YESTERDAY?
(¿Estuvo su hermano trabajando ayer? )

—YES, HE *WAS*
(Sí)

—*WERE* ROBERT AND RICHARD PLAYING YESTERDAY?
(¿Estaban Roberto y Ricardo jugando ayer? )

—NO, THEY *WERE* NOT
(No)

—WHAT *WERE* WE DOING YESTERDAY?
(¿Qué estábamos haciendo ayer? )

—WE *WERE* PRACTICING ENGLISH
(Estábamos practicando inglés)

—*WAS* I PRACTICING ENGLISH TOO?
(¿Estaba yo practicando inglés también? )

—YES, YOU *WERE*
(Sí)

—*WAS* IT RAINING YESTERDAY?
(¿Estuvo lloviendo ayer? )

—YES, IT *WAS*
(Sí)

—WHERE *WAS* IT RAINING YESTERDAY?
(¿Dónde estuvo lloviendo ayer? )

—IT *WAS* RAINING OVER THE CITY
(Estuvo lloviendo en la ciudad)

—WHAT *WAS* SUSAN EATING YESTERDAY?
(¿Qué estaba comiendo Susana ayer? )

—SHE *WAS* EATING ORANGES AND APPLES
(Ella estaba comiendo naranjas y manzanas)

—WHAT *WERE* THE BOYS DOING YESTERDAY?
(¿Qué estaban haciendo los muchachos ayer? )

—THEY *WERE* PLAYING BALL
(Ellos estaban jugando a la pelota)

—WHERE *WERE* THEY PLAYING BALL YESTERDAY?
(¿Dónde estaban ellos jugando a la pelota ayer? )

—THEY *WERE* PLAYING BALL IN THE YARD
(Ellos estaban jugando a la pelota en el patio)

—WHAT *WAS* SHE WRITING YESTERDAY?
(¿Qué estaba ella escribiendo ayer? )

—SHE *WAS* WRITING A LETTER
(Ella estaba escribiendo una carta)

—WHAT *WAS* HE READING YESTERDAY?
(¿Qué estaba él leyendo ayer? )

—HE *WAS* READING A BOOK
(Él estaba leyendo un libro)

## Práctica 1

Cambie estas oraciones en presente progresivo al pasado progresivo.
Agregue la palabra *yesterday* al final de cada oración.

1. Mary is sleeping.
2. What is Mary doing?
3. What are the boys doing?

4. I am reading a book.
5. You are writing a letter.
6. It is raining very hard.
7. They are sleeping.
8. Richard is resting.
9. Where are we eating?
10. I am not running.
11. You are drinking milk.
12. Charles is playing in the yard.
13. Is it raining now?
14. Henry is eating fruit.
15. You are not working.

## Práctica

Llene los espacios en blanco escogiendo entre *WAS* o *WERE* en las siguientes oraciones que aparecen a continuación.

1. Richard _____ sick yesterday.
2. _____ you watching television last night?
3. The children _____ not playing yesterday.
4. _____ you busy yesterday?
5. I _____ not vacationing last week.
6. _____ Mary in the theater last night?
7. She _____ typing a letter yesterday.
8. The employees _____ not working.
9. _____ we studying this lesson before?
10. We _____ practicing English before.
11. You _____ not eating enough last week.
12. I _____ helping him in his office yesterday.
13. I _____ not giving her money last week.
14. John _____ reading the news yesterday.
15. We _____ in a party last night.
16. They _____ not in class yesterday.
17. _____ the men working last week?
18. George and Peter _____ here yesterday.
19. My parents _____ traveling before.
20. John _____ not traveling before.
21. My cousin _____ tired yesterday.
22. My brother _____ not busy yesterday.
23. _____ I resting last Sunday?
24. _____ you resting last Sunday?
25. _____ she sleeping well last night?

## CASOS DONDE EL VERBO *TO BE* EQUIVALE
## A LO QUE EN ESPAÑOL CORRESPONDE
## AL VERBO *HABER*

Empléase el verbo *TO BE* en lugar del verbo *TO HAVE* en esas oraciones que expresan *existencia* de algo, por ejemplo:

> *Hay* agua
> *Hay* mucha gente
> *Había* una casa
> Mañana *habrá* juego de pelota

O bien, por el contrario, aquellas que denotan la *no* existencia de alguna cosa:

> No *hay* agua
> No *había* gente
> Mañana no *habrá* juego de pelota

La palabra THERE es el factor imprescindible en la construcción de este tipo de oraciones, ya que constituye su radical invariable.
Veamos algunos ejemplos ilustrativos:

(sing) There *is* a man in the office now (Hay un hombre en la oficina ahora)
(plu.) There *are* two men in the office now (Hay dos hombres en la oficina ahora)
(sing) There *was* a man in the office yesterday (Había un hombre en la oficina ayer)
(plu.) There *were* two men in the office yesterday (Habían dos hombres en la oficina ayer)

Ahora veamos lo anterior esquemáticamente:

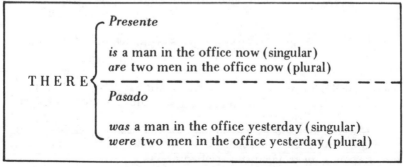

THERE
{
  *Presente*

  *is* a man in the office now (singular)
  *are* two men in the office now (plural)
  — — — — — — — — — — — — — —
  *Pasado*

  *was* a man in the office yesterday (singular)
  *were* two men in the office yesterday (plural)
}

La partícula NOT después de *is, are, was* y *were* constituye su forma negativa, ejemplos:

There *is not* much sugar
(There *isn't* much sugar) } No hay mucha azúcar

There *are not* many people here
(There *aren't* many people here) } No hay mucha gente aquí

There *was not* a boy in school
(There *wasn't* a boy in school) } No había un muchacho en la escuela

There *were not* many boys in school   No había muchos mucha-
(There *weren't* many boys in school)   chos en la escuela.

Sin embargo existen algunos casos en que la partícula NO se emplea en lugar de NOT, ocurriendo esto cuando un sustantivo sigue inmediatamente después de la negación. Ejemplos:

There *is   NO* sugar today   =   No hay azúcar hoy
There *are NO* houses here   =   No hay casas aquí

There *was   NO* telephone   =   No había teléfono
There *were NO* telephones   =   No había teléfonos

La formación del interrogativo toma la misma pauta seguida en el verbo *TO BE*, o sea, se invierte la posición del auxiliar *(is, are, was, were)* con respecto a THERE. Ejemplos:

*Is* THERE a man in the office now?   =   ¿Hay un hombre en la oficina ahora?

*Are* THERE many persons in the house?   =   ¿Hay muchas personas en la casa?

*Was* THERE an[1] accident here?   =   ¿Hubo un accidente aquí?

*Were* THERE many children in class yesterday?   =   ¿Había muchos niños en clase ayer?

[1] Usase el artículo indeterminado *an* (en vez de *a)* en los sustantivos que empiezan con vocal: *an* apple (una manzana), *an* orange (una naranja), *an* accident (un accidente), etc.

There *was* también significa en español *hubo* o *había* y there *were* *hubo* o *había*.

## CONVERSATION

—WHAT *IS* THERE IN THAT LAW-OFFICE?
( ¿Qué hay en ese bufete? )

—THERE *IS* A LAWYER IN THAT OFFICE
(Hay un abogado en esa oficina)

—*IS* THERE A TEACHER IN THAT SCHOOL?
( ¿Hay un maestro en esa escuela? )

—YES, THERE *ARE* MANY TEACHERS IN THAT SCHOOL
(Sí, hay muchos maestros en esa escuela)

—*ARE* THERE MANY PEOPLE IN THAT THEATER?
( ¿Hay mucha gente en ese teatro? )

—YES, THERE *ARE* MANY PEOPLE IN THAT THEATER
(Sí, hay mucha gente en ese teatro)

—*IS* THERE ANY PERSON IN THIS OLD HOUSE?
( ¿Hay alguna persona en esa casa vieja? )

—NO, THERE *IS* NOT ANY PERSON HERE
(No, no hay ninguna persona aquí)

—*ARE* THERE MANY PEOPLE IN THIS BUILDING?
( ¿Hay mucha gente en este edificio? )

—NO, THERE *ARE* NOT MANY PEOPLE IN THIS BUILDING
(No, no hay mucha gente en este edificio)

—*IS* THERE MUCH MONEY IN YOUR POCKET?
( ¿Hay mucho dinero en tu bolsillo? )

—NO, THERE *IS* NOT ANY MONEY IN MY POCKET
(No, no hay nada de dinero en mi bolsillo)

—WHAT *WAS* THERE IN THAT ROOM?
( ¿Qué había en ese cuarto? )

65

—THERE *WAS* A MAN IN THAT ROOM
(Había un hombre en ese cuarto)

—*WAS* THERE AN ACCIDENT IN THIS STREET?
(¿Hubo un accidente en esta calle? )

—NO, THERE *WAS* NOT ANY ACCIDENT IN THIS STREET
(No, no hubo ningún accidente en esta calle)

—*WERE* THERE MANY INDIAN TRIBES IN AMERICA?
(¿Hubo muchas tribus indígenas en América? )

—YES, THERE *WERE* MANY INDIAN TRIBES IN AMERICA
(Sí, sí hubo muchas tribus indígenas en América)

—*WERE* THERE MANY PEOPLE HERE YESTERDAY?
(¿Hubo mucha gente aquí ayer? )

—NO, THERE *WERE* NO PEOPLE HERE YESTERDAY
(No, no hubo gente aquí ayer)

—*WERE* THERE MANY JEWELS IN THIS SAFE-BOX?
(¿Había muchas alhajas en esta caja de seguridad? )

—NO, THERE *WERE* NO JEWELS IN THIS SAFE-BOX
(No, no había alhajas en esta caja de seguridad)

—WHAT *WILL* THERE *BE* HERE TOMORROW?
(¿Qué habrá aquí mañana? )

—THERE *WILL BE* A BIRTHDAY PARTY
(habrá una fiesta de cumpleaños)

—*WILL* THERE *BE* ENGLISH CLASSES TOMORROW?
(¿Habrá clases de inglés mañana? )

—NO, THERE *WILL BE* NO CLASSES TOMORROW
(No, no habrá clases mañana)

## EJERCICIOS

Llene los espacios en blanco con el auxiliar apropiado y de acuerdo con el tiempo que se indica al principio de cada oración.

(Presente) _____ there many schools and universities in Mexico?

(Futuro)  There _____ be no classes in school tomorrow.

(Presente) There_____ a large university in Mexico City.

(Pasado) _____ there an Aztec temple where the Metropolitan Cathedral is standing now?

(Futuro) _____ there be more public telephones next year?

(Pasado)  There_____ many old buildings here before.

(Presente) There_____ a few good theaters in this town.

(Presente) There_____ no money now in my purse.

(Pasado)  There_____ not too much water yesterday.

(Pasado)  There_____ no people in the street last night.

(Presente) There_____ not any houses in that place.

(Futuro)  There_____ be another market in the city.

(Pasado) _____there not another pencil in that drawer?

(Presente)_____there not another book in the book-case?

(Presente)_____ there any important library here?

(Futuro)_____ there be any good bull fight next Sunday?

(Pasado) _____ there not several men in that meeting?

(Pasado)  There_____ no men in the meeting; only women

67

## AM, IS, ARE CON LA FORMA *GOING TO*
## PARA LA CONSTRUCCIÓN DEL *FUTURO IDIOMÁTICO*

| Observe en esta forma afirmativa las contracciones I'm, you're, he's, etc. seguidas de *GOING TO* y los verbos en su forma simple: *speak, eat,* etc. | Advierta ahora en estas preguntas que *AM, IS, ARE* se anteponen a los sujetos *I, you, he,* etc. Note también que la forma *GOING TO* no varía de posición con respecto a las afirmaciones. |
|---|---|

| I'm | GOING *TO* | sleep[1] | AM | I | GOING *TO* | sleep? |
|---|---|---|---|---|---|---|
| You're | GOING *TO* | work[2] | ARE | you | GOING *TO* | work? |
| He's | GOING *TO* | eat | IS | he | GOING *TO* | eat? |
| She's | GOING *TO* | read | IS | she | GOING *TO* | read? |
| It's | GOING *TO* | rain | IS | it | GOING *TO* | rain? |
| We're | GOING *TO* | dance | ARE | we | GOING *TO* | dance? |
| You're | GOING *TO* | rest | ARE | you | GOING *TO* | rest? |
| They're | GOING *TO* | study | ARE | they | GOING *TO* | study? |

Nótese ahora la partícula NOT inmediatamente después de las contracciones I'm, he's, we're, they're, etc. para formar las negaciones. La forma *going to* y los verbos en su forma simple conservan su misma posición.

| I'm | NOT | *going to* | sleep. |
|---|---|---|---|
| He's | NOT | *going to* | eat. |
| It's | NOT | *going to* | rain. |
| We're | NOT | *going to* | dance. |
| They're | NOT | *going to* | study. |

### COMENTARIOS

Asimismo pueden emplearse las contracciones negativas *isn't* y *aren't* antes de *going to.*

[1] *I'm going to sleep* = Voy a dormir (Estoy yendo a dormir: literal)
[2] *You're going to work* = Ud. va a trabajar (Ud. está yendo a trabajar: literal)

# CONVERSATION

–WHAT *ARE* YOU GOING TO DO TOMORROW?
(¿Qué vas a hacer mañana? )

–I *AM* GOING TO SWIM WITH SOME FRIENDS
(Voy a nadar con unos amigos)

–WHERE *ARE* YOU GOING TO GO?
(¿Dónde vas a ir? )

–I *AM* GOING TO GO TO THE CLUB
(Voy a ir al club)

–WHAT *IS* JOHN GOING TO DO NEXT SATURDAY?
(¿Qué va a hacer Juan el sábado próximo? )

–HE *IS* GOING TO BUY SHOES
(Él va a comprar zapatos)

–WHEN *ARE* ROBERT AND YOU GOING TO COME BACK HERE?
(¿Cuándo van a regresar aquí Roberto y tú? )

–WE *ARE* GOING TO COME BACK NEXT SUMMER
(Vamos a regresar el verano próximo)

–AT WHAT TIME *IS* HELEN GOING TO LEAVE FOR LONDON?
(¿A qué hora va Elena a salir para Londres? )

–SHE *IS* GOING TO LEAVE TONIGHT
(Ella va a salir esta noche)

–WHAT *ARE* GEORGE AND PETER GOING TO EAT FOR DINNER?
(¿Qué van a comer Jorge y Pedro en la comida? )

–THEY *ARE* GOING TO EAT CHICKEN SALAD
(Ellos van a comer ensalada de pollo)

–HOW LONG *ARE* YOU GOING TO STAY IN CHICAGO?
(¿Cuánto tiempo va Ud. a permanecer en Chicago? )

69

—I *AM* GOING TO STAY THREE MONTHS
(Voy a permanecer tres meses)

—WHAT *IS* MR. MURRAY GOING TO SPEAK ABOUT IN THE MEETING?
(¿De qué va a hablar el Sr. Murray en la junta? )

—HE *IS* GOING TO SPEAK ABOUT THE NEW ENGLISH COURSE
(Él va a hablar acerca del nuevo curso de inglés)

—WHEN *ARE* THE ENGLISH CLASSES GOING TO START?
(¿Cuándo van a comenzar las clases de inglés? )

—THEY *ARE* GOING TO START NEXT WEEK
(Van a comenzar la semana próxima)

—*IS* IT GOING TO RAIN SOON?
(¿Va a llover pronto? )

—NO, I THINK IT *IS* NOT GOING TO RAIN
(no, creo que no a llover)

—*ARE* YOU GOING TO WORK TOMORROW?
(¿Va Ud. a trabajar mañana? )

—NO, I *AM* GOING TO REST
(No, voy a descansar)

## Práctica 1

Cambie las siguientes oraciones a la forma *GOING TO*. Añada la palabra *now* al final de cada oración.

1. John buys shoes.
2. We eat oranges.
3. I speak English.
4. The students practice the lesson.
5. You read the newspaper.
6. Mary does her home-work.
7. The secretary writes many letters.
8. It rains in Mexico City.
9. You and I play base-ball.
10. They sleep in the bedroom.
11. Alice sweeps the floor.
12. I drink coffee.
13. The boy runs in the yard.
14. Mary and Alice study very much.
15. My father works in Chicago.

## Práctica 2

Ahora cambie cada una de estas 15 oraciones a la forma interrogativa y después a la negativa. Emplee la forma *GOING TO*.

## Práctica

Formule preguntas que contesten a las cuatro afirmaciones abajo enumeradas y de acuerdo con las palabras interrogativas aquí empleadas.

1. Charles was reading a book at the library yesterday.

   What _____ ?

   Who _____ ?

   Where _____ ?

   When _____ ?

2. The students were writing an assignment at five o'clock yesterday.

   At what time_____ ?

   What _____ ?

   Who _____ ?

   When _____ ?

3. Henry is going to buy shoes in the shoe-store tomorrow.

   When _____ ?

   Where _____ ?

   Who _____ ?

   What _____ ?

4. The boys are going to play base-ball in the yard now.

   Who _____ ?

   What _____ ?

   Where _____ ?

   When _____ ?

# MODO IMPERATIVO

Una de las fases más importantes en el aspecto lingüístico es el Modo Imperativo, dado su enorme empleo en el lenguaje cotidiano. La base primordial de su formación es simplemente el verbo en su forma original o simple. Dicho de otra manera, se diría que el Imperativo es un *infinitivo* sin la partícula *to*. Ejemplos:

| *Infinitivo* | | *Imperativo* | |
|---|---|---|---|
| To speak | (hablar) | SPEAK | (hable, habla) |
| to eat | (comer) | EAT | (coma, come) |
| to come | (venir) | COME | (venga, ven) |
| to wait | (esperar) | WAIT | (espere, espera) |
| to read | (leer) | READ | (lea, lee) |
| to write | (escribir) | WRITE | (escriba, escribe) |
| to walk | (caminar) | WALK | (camine, camina) |
| to look | (mirar) | LOOK | (mire, mira) |

El negativo se forma mediante el empleo de *DON'T* (do not) antepuesto al verbo:

| | | |
|---|---|---|
| | *speak* | No hable |
| | *eat* | No coma |
| | *come* | No venga |
| *DON'T* | *wait* | No espere |
| | *read* | No lea |
| | *write* | No escriba |
| | *walk* | No camine |
| | *look* | No mire |

## USO DE *LET'S* (let us) EN EL IMPERATIVO

El Modo Imperativo que se emplea en la primera persona del plural se expresa con el auxiliar *LET'S (let* us), cuando uno mismo se incluye junto con otras personas para desarrollar una acción determinada. Dicho auxiliar va seguido de un verbo en su forma original o simple, es decir, *speak, eat, come,* etc.

Veamos en este cuadro sinóptico la explicación esquemáticamente sintetizada de lo anterior.

| *LET'S* | | |
|---|---|---|
| | *speak* | Hablemos |
| | *eat* | Comamos |
| | *come* | Vengamos |
| | *wait* | Esperemos |
| | *read* | Leamos |
| | *write* | Escribamos |
| | *walk* | Caminemos |
| | *look* | Miremos |

Observemos ahora la palabra NOT después de *let's* para formar el negativo

| *LET'S NOT* | | |
|---|---|---|
| | *speak* | No hablemos |
| | *eat* | No comamos |
| | *come* | No vengamos |
| | *wait* | No esperemos |
| | *read* | No leamos |
| | *write* | No escribamos |
| | *walk* | No caminemos |
| | *look* | No miremos |

## Práctica

Practique el Modo Imperativo construyendo en inglés las siguientes oraciones.

1. Venga acá.
2. Practiquemos más inglés.
3. Ve a la escuela ahora.
4. Cierre la puerta.
5. Abra la puerta.
6. Sentémonos aquí.
7. Espérame un momento.
8. Esperemos nuestro autobús aquí.
9. Siéntese, por favor.
10. No fume, por favor.
11. No comas demasiado.
12. No comamos en ese restaurant.
13. No manejes demasiado rápido.
14. No juguemos en la calle.
15. No hables en la clase.
16. No hablemos en la clase.
17. No vayas a ese lugar.
18. No vayamos al cine esta noche.
19. No me esperes, por favor.
20. No corramos en la casa.

# EMPLEO DEL VERBO AUXILIAR *CAN*
## PARA EXPRESAR *HABILIDAD* EN TIEMPO *PRESENTE*

Observe aquí que *CAN* denota *poder* o *habilidad*. Nótese también que inmediatamente después de dicho auxiliar, los verbos están en su forma simple *(drive* = manejar, *swim* = nadar) etc., pero *sin* la partícula "to": I *can* speak = yo *puedo* hablar.

En las preguntas solamente se invierte el sujeto *(I)* con el auxiliar *(can)*. Véase la gráfica de la derecha y compárese con la de la izquierda.

| I | *CAN* | *drive* | now | | *CAN* | I | *drive* | now? |
|------|-------|---------|-----|---|-------|------|---------|------|
| You | *CAN* | *read* | now | | *CAN* | you | *read* | now? |
| He | *CAN* | *swim* | now | | *CAN* | he | *swim* | now? |
| She | *CAN* | *sing* | now | | *CAN* | she | *sing* | now? |
| They | *CAN* | *write* | now | | *CAN* | they | *write* | now? |

## COMENTARIOS

El auxiliar *CAN* se emplea con todos los sujetos o pronombres personales. Además es muy importante que se advierta que después de este auxiliar se *omite* la partícula *to* del infinitivo, así como también que no lleva *S* en las tres terceras personas del singular: *he, she, it*, por ser un verbo defectivo.

Observe ahora en esta forma negativa la partícula NOT después de *can*, así como la carencia de *to* en los verbos en infinitivo *drive, read, swim*, etc.

| I | *can* | NOT | *drive* | now. |
|------|-------|-----|---------|------|
| You | *can* | NOT | *read* | now. |
| | | | | |
| He | *can* | NOT | *swim* | now. |
| She | *can* | NOT | *sing* | now. |
| | | | | |
| They | *can* | NOT | *write* | now. |

## COMENTARIOS

Se puede emplear asimismo *CAN'T* que es la contracción de *can* not. Ejemplos: we *CAN'T* speak English, John *CAN'T* eat fish, etc.

Observe la posición de *CAN* (poder) en las preguntas y note las respuestas breves. Compare además el empleo de *can* con el de *do* y *does*.

| *DO* | you | speak | English *every day?* | *Yes, I* | *DO* | |
|------|-----|-------|----------------------|----------|------|-----|
| *CAN* | you | *speak* | some English *now?* | Yes, I | *CAN* | |
| *CAN* | you | *see* | me in the morning? | No, I | *CAN NOT* | |
| *CAN* | John | *come* | to the meeting tonight? | Yes, he | *CAN* | |
| *CAN* | Mary | *go* | to the bank *now?* | No, she | *CAN NOT* | |
| *CAN* | I | *see* | you in your office later? | Yes, you | *CAN* | |
| *CAN* | we | *leave* | early *today?* | No, you | *CAN NOT* | |
| *CAN* | you | *arrive* | here *soon?* | Yes, we | *CAN* | |
| *CAN* | they | *arrive* | in the office on time? | Yes, they | *CAN* | |
| *CAN* | they | *work* | efficiently? | Yes, they | *CAN* | |
| *CAN* | you | *work* | efficiently? | Yes. we | *CAN* | |
| *CAN* | I | *eat* | pork? | No, you | *CAN'T* | |
| *CAN* | the boy | *buy* | cigarettes? | No, he | *CAN'T* | |
| *CAN* | the girl | *leave* | the house *alone?* | No, she | *CAN'T* | |
| *DOES* | John | smoke | pipe? | No, he | *DOESN'T* | |

77

Patrones:

*CAN* you tell *me where...?*  =  ¿Puede Ud. decirme *dónde...?*

*CAN* you tell *me how...?*  =  ¿Puede Ud. decirme *cómo...?*

*CAN* you tell *me at what time...?*  =  ¿Puede Ud. decirme *a qué hora...?*


*CAN* you tell *me* { *where* the post-office *IS?*
*how TO GO* to the station?
*at what time* he *ARRIVES?* }

---

Observe las palabras interrogativas *what, how, where,* etc. y *CAN* antes del sujeto *(I)* en las preguntas. Note también que *CAN* va después del sujeto *(you)* en las contestaciones.

---

| | | | |
|---|---|---|---|
| What | *CAN* I *do* | to learn that? | You *CAN practice* it |
| How | *CAN* I *go* | down town? | You *CAN take* a bus |
| How | *CAN* I *get* | there soon? | You *CAN take* a taxi |
| Where | *CAN* I *see* | *you* tomorrow? | You *CAN see me* here |
| When | *CAN* I *see* | *you* again? | You *CAN see me* tomorrow |
| What time | *CAN* I *come* | here tomorrow? | You *CAN come* at five |
| How | *CAN* I *leave* | here? | You *CAN leave* through there |
| How much | *CAN* I *buy* | over there? | You *CAN buy* a dozen |
| How long | *CAN* I *stay* | in Chicago? | You *CAN stay* a month |

78

## COMPARANDO *WANT* CON *CAN*

| Observe la partícula *TO* después de WANT, así como la *S* de *wants* en *he, she, it.* | Note la carencia de *TO* después de CAN y la supresión de la *S* correspondiente a *he, she, it.* |
|---|---|
| I    WANT  *to speak* English | I    CAN *speak* English |
| You  WANT  *to travel* a lot | You  CAN *travel every year* |
| He   WANTS *to go*   to Florida | He   CAN *go*   home *now* |
| She  WANTS *to come* to Mexico | She  CAN *come* here *every day* |
| It   WANTS *to eat*   *now* | It   CAN *eat*   meat *every day* |
| We   WANT  *to drink* *some* coffee | We   CAN *drink some* milk |
| You  WANT  *to get*   a job | You  CAN *get*   a job *now* |
| They WANT  *to buy*   *some* clothes | They CAN *buy*   clothes |

## CONVERSATION

—WHAT *CAN* I DO FOR YOU?
(¿En qué puedo servirlo? )

—YOU *CAN* HELP ME FIND A STREET
(Ud. puede ayuarme a encontrar una calle)

—HOW *CAN* I HELP YOU FIND A STREET?
(¿Cómo puedo ayudarlo a encontrar una calle? )

—YOU *CAN* HELP ME BY SHOWING ME A CITY MAP
(UD. puede ayudarme mostrándome un mapa de la ciudad)

—HOW *CAN* I GO TO THAT PLACE?
(¿Cómo puedo ir a ese lugar? )

—YOU *CAN* GO BY TAKING A BUS
(Ud. puede ir tomando un autobús)

—WHERE *CAN* I CATCH THAT BUS?
(¿Dónde puedo tomar ese autobús? )

—YOU *CAN* CATCH IT AT THE NEXT CORNER
(Ud. puede tomarlo en la esquina próxima)

—*CAN* I TAKE A TAXI, TOO?
(¿Puedo tomar un taxi, también? )

—YES, YOU *CAN*
(Sí, sí puede)

—*CAN* YOU TELL ME WHAT TIME IT IS?
(¿Puede Ud. decirme que hora es? )

—IT *IS* A QUARTER AFTER TWELVE
(Son las doce y cuarto)

—*CAN* YOU TELL ME WHERE THE POST OFFICE IS?
(¿Puede decirme dónde está el correo? )

—YES, I *CAN*. IT'S AROUND THE CORNER
(Sí. Está dando vuelta a la esquina)

—*CAN* YOU TELL ME HOW TO GET DOWN-TOWN?
(¿Puede decirme cómo llegar al centro? )

—YOU *CAN* GET DOWN TOWN BY CATCHING A BUS
(Ud. puede llegar al centro tomando un autobús)

—WHERE *CAN* I FIND A DRUG-STORE?
(¿Dónde puedo encontrar una farmacia? )

—YOU *CAN* FIND IT THREE BLOCKS AWAY
(Ud. puede encontrar a tres cuadras de distancia)

—WHERE *CAN* I FIND A SHOE-STORE?
(¿Dónde puedo encontrar una zapatería? )

—YOU *CAN* FIND IT ACROSS THE STREET
(Ud, puede encontrarla cruzando la calle)

—WHERE *CAN* I FIND A TELEPHONE-BOOTH?
(¿Dónde puedo encontrar una cabina telefónica? )

—YOU *CAN* FIND IT ON THE CORNER.
(Ud. puede encontrarla en la esquina)

–HOW *CAN* I GET TO THAT PLACE?
( ¿Cómo puedo llegar a ese lugar? )

–YOU *CAN* GET TO THAT PLACE BY WALKING STRAIGHT
AHEAD
(Ud. puede llegar a ese lugar caminando recto hacia adelante)

–HOW *CAN* I GET TO THE STATION?
( ¿Cómo puedo llegar a la estación? )

–YOU *CAN* GET TO THE STATION BY TAKING A TAXI
(Ud. puede llegar a la estación tomando un taxi)

–WHERE *CAN* I GET ON A BUS GOING DOWN-TOWN?
( ¿Dónde puedo subirme a un autobús que vaya al centro? )

–YOU *CAN* GET ON THAT BUS AT THE NEXT CORNER
(Ud. puede abordar ese autobús en la esquina próxima)

–WHERE *CAN* I GET OFF THE BUS TO GO DOWN-TOWN?
( ¿Dónde puedo bajarme del autobús para ir al centro? )

–YOU *CAN* GET OFF HERE ON THIS CORNER
(Ud. puede bajarse en esta esquina)

–*CAN* YOU SHOW ME ANOTHER COLOR?
( ¿Puede Ud. mostrarme otro color? )

–OF COURSE, I *CAN*
(Por supuesto que sí)

## Práctica

Formule preguntas que contesten a las cinco afirmaciones enumeradas abajo y de acuerdo con las palabras interrogativas aquí empleadas.

1. Henry is writing a letter to his parents now.

   What _____ ?

   Who _____ ?

To whom _____ ?

When _____ ?

2. The boys are playing base-ball in the yard now.

Where _____ ?

When _____ ?

What _____ ?

Who _____ ?

3. Robert works in the office every day.

What _____ ?

Who _____ ?

Where _____ ?

When _____ ?

4. The men eat dinner in the factory every day.

Who _____ ?

Where _____ ?

What _____ ?

When _____ ?

5. Richard can swim very quickly in the swimming-pool.

How _____ ?

What _____ ?

Who _____ ?

Where _____ ?

# EMPLEO DEL VERBO AUXILIAR *COULD*
## PARA EXPRESAR *HABILIDAD* EN TIEMPO PASADO

Observe que *COULD,* al igual que *can,* va seguido de verbos en su forma simple pero *sin* la partícula *to,* ya que ambos son verbos defectivos.

*COULD* es la forma en pasado de *can* y es equivalente en castellano a *pudo* o *podía.* En las preguntas el sujeto *(I)* invierte su posición respecto a la del auxiliar *(could).* Compárese la gráfica de la izquierda con la de la derecha.

| I | *COULD* | *swim* | before | *COULD* | I | *swim* | before |
|------|---------|--------|--------|---------|------|--------|--------|
| He | *COULD* | *drive* | before | *COULD* | he | *drive* | before |
| We | *COULD* | *sing* | before | *COULD* | we | *sing* | before |
| They | *COULD* | *dance* | before | *COULD* | they | *dance* | before |

## COMENTARIOS

El auxiliar *COULD* se emplea con todos los sujetos o pronombres personales cuando se quiere expresar la forma en pasado de *can.* Además, después de dicho auxiliar *nunca* se emplea la partícula *to* en el verbo en infinitivo que a continuación le suceda.

Observe ahora en esta forma negativa la partícula NOT después de *COULD,* así como la carencia de *to* en los verbos en infinitivo *swim* (nadar), *drive* (manejar), *sing* (cantar), *dance* (bailar).

| I | *could* | NOT | *swim* | before. |
|------|---------|-----|--------|---------|
| He | *could* | NOT | *drive* | before. |
| We | *could* | NOT | *sing* | before. |
| They | *could* | NOT | *dance* | before. |

## COMENTARIOS

Empléase asimismo *COULDN'T* que es la forma contraída de *could not.* Ejemplos: I *COULDN'T* speak English before, Mary *COULDN'T* dance very well before, we *COULDN'T* travel before, etc.

# CONVERSATION

—WHAT *COULD* YOU DO YESTERDAY?
(¿Qué pudo Ud. hacer ayer? )

—I *COULD* FINISH THE REPORT
(Pude terminar el informe)

—*COULD* YOU FINISH CHECKING THE BILLS YESTERDAY?
(¿Pudo Ud. terminar de rectificar las cuentas ayer? )

—I *COULDN'T* FINISH CHECKING THEM
(No pude terminar de rectificarlas)

—*COULD* JOHN ARRIVE ON TIME LAST MONDAY?
(¿Pudo Juan llegar a tiempo el lunes pasado? )

—YES, HE *COULD*
(Sí)

—WHEN *COULD* THEY SEE THE MANAGER?
(¿Cuándo pudieron ellos ver al gerente? )

—THEY *COULD* SEE HIM YESTERDAY
(Ellos pudieron verlo ayer)

—WHERE *COULD* YOU FIND THOSE PAPERS?
(¿Dónde pudo Ud. encontrar esos papeles? )

—I *COULD* FIND THEM ON MY DESK
(Pude encontrarlos sobre mi escritorio)

—*COULD* RICHARD SEE THE PARADE LAST SUNDAY?
(¿Pudo Ricardo ver el desfile el domingo? )

—NO, HE *COULDN'T*
(No, no pudo)

—HOW MANY CARS *COULD* YOU COUNT YESTERDAY?
(¿Cuántos autos pudiste contar ayer? )

—I *COULD* COUNT FIFTY CARS
(Pude contar cincuenta autos)

—*COULD* YOU WORK WHEN YOU *WERE* SICK?
( ¿Pudiste trabajar cuando estabas enfermo? )

—I *COULDN'T* WORK WHEN I *WAS* SICK
(No pude trabajar cuando estaba enfermo)

—*COULD* SHE COME HERE YESTERDAY?
( ¿Pudo ella venir aquí ayer? )

—YES, SHE *COULD*
(Sí, sí pudo)

—*COULD* YOUR PARENTS GO TO PARIS LAST SUMMER?
( ¿Pudieron tus padres ir a París el verano pasado?

—NO, THEY *COULDN'T*
(No, no pudieron)

—*COULD* YOU VISIT THE MUSEUM YESTERDAY?
( ¿Pudo Ud. visitar el museo ayer? )

—YES, I *COULD*
(Sí, sí pude)

—WHERE *COULD* YOU NOTICE SOMETHING STRANGE?
( ¿Dónde pudo Ud. notar algo extraño? )

—I *COULD* NOTICE IT BEHIND THE HOUSE
(Pude notarlo atrás de la casa)

—HOW LONG *COULD* YOU STAY IN THAT PLACE?
( ¿Cuánto tiempo pudo Ud. permanecer en ese lugar? )

—I *COULD* STAY FIFTEEN MINUTES.
(Pude permanecer quince minutos)


### Práctica

Llene los espacios en blanco escogiendo entre los auxiliares *CAN*
o *COULD*, de acuerdo con las expresiones de tiempo *now, before, yesterday*, etc.

1. _____ you speak English now?

2. I _____ not see the parade yesterday.

3. _____ they come here on time last Sunday?

4. Mary _____ type very quickly now.

5. My father _____ swim very well before.

6. _____ Alice go to the movies yesterday?

7. We _____ not practice English every day.

8. I _____ run very fast before.

9. They _____ not visit the museum yesterday.

10. _____ the girl read and write now?

11. _____ you go to Europe last year?

12. Susan _____ not dance very well yet.

13. I _____ not talk to the manager last Friday.

14. _____ John move that rock yesterday.

15. We _____ not go to the movies every day.

16. I _____ not work yesterday because I was sick.

17. The secretary _____ send cables to New York every day

18. _____ you play the piano now?

19. _____ she finish the sales report yesterday?

20. Henry _____ not drive a car yet.

Llene las líneas en blanco con *CAN* o *COULD*.

_____ you speak English now?

He_____drive to his office every day.

Mary_____ not come here yesterday.

They _____ not type quickly yet.

_____ you see the parade yesterday?

_____ you see the manager every day?

I_____not go to the movies every day.

John _____ read the news yesterday.

Alice _____ not go to the party last night.

Alice_____ go to the movies every day.

_____she write letters in English now?

_____Mary see that movie last Saturday?

_____ Mary see that movie tonight?

_____you go to the office every day?

_____you. visit Europe last year?

_____ you visit Europe this year?

I _____ not visit Paris last year.

I_____ visit Rome this year.

_____she send a cable every day?

_____she send that cable yesterday?

# THE MONTHS OF THE YEAR

## (Los meses del año)

| January | (yánueri) | = Enero |
| February | (fébrueri) | = febrero |
| March | (march) | = marzo |
| April | (éiprol) | = abril |
| May | (mei) | = mayo |
| June | (yun) | = junio |
| July | (yulái) | = julio |
| August | (ógost) | = agosto |
| September | (septémber) | = septiembre |
| October | (octóber) | = octubre |
| November | (novémber) | = noviembre |
| December | (disémber) | = diciembre |

## PRONOMBRES REFLEXIVOS

### Singulares

| Myself | (maiself) | = yo mismo |
| Yourself | (iorself) | = Ud. mismo |
| himself | (jimself) | = él mismo |
| herself | (jerself) | = ella misma |
| itself | (itself) | = ello mismo (impersonal |

### Plurales

| Ourselves | (aurselvs) | = nosotros mismos |
| yourselves | (iorselvs) | = Uds. mismos |
| themselves | (demselvs) | = Ellos (as) mismos |

NOTA: *Themselves* es el plural de *himself, herself, itself.*

## EMPLEO DE *WILL* BE PARA FORMAR
## EL FUTURO DEL VERBO *TO BE* (ser o estar)

| 1 | 2 | 3 | | | 2 | 1 | 3 |
|---|---|---|---|---|---|---|---|
| I | *WILL* | *BE* | at home | *soon* | *WILL* | I | *BE?* |
| He | *WILL* | *BE* | rich | *soon* | *WILL* | he | *BE?* |
| We | *WILL* | *BE* | in Chicago | *soon* | *WILL* | we | *BE?* |
| They | *WILL* | *BE* | of age[1] | *soon* | *WILL* | they | *BE?* |

### COMENTARIOS

Observe que en las afirmaciones la posición de *WILL* BE (2, 3) es inmediatamente después de los sujetos (1), en tanto que en las preguntas *WILL* (2) va antes de los sujetos (1) y éstos a su vez seguidos de *BE,* el cual conserva la misma posición que en las afirmaciones (3).

Advierta, por lo tanto, que en el interrogativo la posición del sujeto está entre *WILL* y *BE* (2, 1, 3).

Note la partícula NOT inmediatamente después de *will* para construir la forma negativa. Advierta también que *BE* ocupa la última posición; es decir, sin contar el complemento de estas oraciones.

| I | *will* | NOT | *be* | at home | *soon.* |
|---|---|---|---|---|---|
| He | *will* | NOT | *be* | rich | *soon.* |
| They | *will* | NOT | *be* | of age | *soon.* |

### COMENTARIOS

Asimismo se puede emplear la forma *WON'T* contracción de *will not* con todos los sujetos o pronombres personales. Ejemplos: I *WON'T be,* you *WON'T be,* etc.

---

[1] of age = mayores de edad, adultos (literalmente: de edad)

# EMPLEO DEL VERBO AUXILIAR *WILL* PARA CONSTRUIR LA FORMA *FUTURA* DE LOS VERBOS

Observe que la posición de *WILL* en el afirmativo se antepone a los verbos en su forma simple *(speak, eat, go)*. En las preguntas *WILL* se coloca antes de los sujetos *(I, you, he)*, o sea, que se invierte su posición con respecto a las afirmaciones. Es decir en lugar de *I WILL* (af.) será *WILL I...?* (int.)

| I | WILL | speak | WILL | I | speak? |
|------|------|-------|------|------|--------|
| You | WILL | eat | WILL | you | eat? |
| He | WILL | go | WILL | he | go? |
| We | WILL | come | WILL | we | come? |
| They | WILL | travel | WILL | they | travel? |

## COMENTARIOS

El verbo auxiliar *WILL* se emplea con todos los sujetos o pronombres personales y para formar el *futuro* de todos los verbos en inglés, exceptuando por supuesto a los demás verbos auxiliares, tales como *can* (poder), *must* (deber), etc.

Asimismo pueden emplearse las formas contraídas I*'ll* (I *will*), you*'ll*, he*'ll*, she*'ll*, it*'ll*, we*'ll*, you*'ll*, they*'ll*. Ejemplo: It*'ll* rain (it *will rain*) = lloverá.

Advierta ahora en esta gráfica la partícula NOT inmediatamente después del auxiliar *will* para construir la forma negativa.

| I | will | NOT | speak |
|------|------|-----|-------|
| She | will | NOT | go |
| We | will | NOT | come |
| They | will | NOT | travel |

## COMENTARIOS

Asimismo se puede emplear *WON T*, forma contraída de *will not*, con todos los sujetos o pronombres personales. Ejemplos: I *WON T speak* (no hablaré), you *WON T eat* (no comerás), he *WON T go* (él no irá), they *WON T travel* (no viajarán), etc.

# CONVERSATION

–WHAT *WILL* YOU DO AFTER YOU ARE GRADUATED?
(¿Qué hará Ud. después de que se gradúe?

–I *WILL* WORK AFTER MY GRADUATION
(Trabajaré después de mi graduación)

–WHERE *WILL* YOU WORK NEXT YEAR?
(¿Dónde trabajará Ud. el año próximo? )

–I *WILL* WORK IN MEXICO CITY
(Trabajaré en la ciudad de México)

–HOW LONG *WILL* MARY STAY IN NEW YORK?
(¿Cuánto tiempo permanecerá María en Nueva York? )

–SHE *WILL* STAY THERE THREE MONTHS
(Ella permanecerá ahí tres meses)

–*WILL* SHE LIVE IN THE UNITED STATES?
(¿Vivirá ella en los Estados Unidos? )

–No, SHE *WILL* NOT (SHE *WON'T*)
(No.)

–WHEN *WILL* YOUR PARENTS GO TO EUROPE AGAIN?
(¿Cuándo irán tus padres a Europa otra vez? )

–THEY *WILL* GO TO EUROPE NEXT YEAR
(Ellos irán a Europa el año próximo)

–WHEN *WILL* JOHN COME HERE AGAIN?
(¿Cuándo vendrá Juan aquí otra vez? )

–HE *WILL* COME HERE NEXT SUMMER
(Él vendrá aquí el verano próximo)

–AT WHAT TIME *WILL* WE LAND IN CHICAGO?
(¿A qué hora aterrizaremos en Chicago? )

–WE *WILL* LAND IN CHICAGO AT FIVE O CLOCK
(Aterrizaremos en Chicago a las cinco)

–WHAT *WILL* YOU EAT FOR DINNER?
(¿Qué comerá Ud. en la comida? )

–I *WILL* EAT A STEAK WITH FRIED POTATOES
(Comeré un bistec con papas fritas)

91

—AT WHAT TIME *WILL* THE BOYS EAT DINNER?
( ¿A qué hora comerán los niños la comida? )

—THEY *WILL* EAT DINNER AT TWELVE O'CLOCK
(Ellos comerán la comida a las doce)

—WHEN *WILL* YOUR BROTHER BUY A CAR?
( ¿Cuándo comprará tu hermano un auto? )

—HE *WILL* BUY A NEW CAR.NEXT YEAR
(Él comprará un auto nuevo el año próximo)

—*WILL* I WAIT HERE FOR A LONG TIME?
( ¿Esperaré aquí mucho rato? )

—NO, YOU *WILL NOT* (YOU *WON'T*)
(No)

## Práctica 1

Practique el auxiliar *will* cambiando al futuro las oraciones siguientes. Añada al final de cada oración palabras como *tomorrow, next week, next year, next Saturday*, etc.

1. Mary buys groceries.
2. I speak English.
3. John goes to school.
4. The manager signs your checks.
5. The secretary writes a letter.
6. My brother gets good commissions.
7. They eat in a restaurant.
8. You learn languages.
9. We visit Europe.
10. I read the newspaper
11. Henry and Jack see Mary and Susan.
12. She works for an international company.
13. You leave for New York.
14. We fly to Paris.
15. He gives presents to the children.

## Práctica 2

Después cambie cada oración al futuro interrogativo y negativo:
Ejemplo:

> *Will* Mary buy groceries *next Saturday?*
> Mary *will* not buy groceries *next Saturday.*

## VERBOS REGULARES

Denomínanse "VERBOS REGULARES" aquellos cuyo Pasado y Participio Pasado se construye añadiendo *ED* al infinitivo exento de la partícula *to*, o sea el verbo en su forma original, ejemplo:

INFINITIVO sin *to* + *ED* = Pasado y Participio de los Verbos Regulares.

Tomemos un típico verbo regular y observemos gráficamente cómo se forma dicho Pasado y Participio.

WORK + *ED* = WORK*ED* (trabajó), WORK*ED* (trabajado)

|  |  |
|---|---|
| I work | (Yo trabajo) |
| I work*ed* | (Yo trabajé) |
| I *have* work*ed* | (yo he trabajado) |

NOTA: *To have* = haber o tener: I *have* = yo he o tengo

La terminación *ED* que es característica especial de todos estos verbos no sufre variación alguna con ninguna de las personas o sujetos

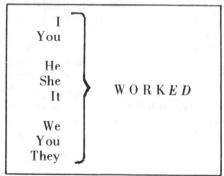

Obsérvese en la pronunciación de WORK*ED* que la e es muda (como en la mayoría de los verbos regulares) y la d adquiere el sonido de *t*. El cambio de sonido en esta consonante es con el fin de dar a la palabra más eufonía y al mismo tiempo facilitar su pronunciación. Repita varias veces la palabra WORK*ED* pronunciándola *uérct*.

# FORMA EN PASADO DE LOS VERBOS IRREGULARES

Observe que el verbo en su forma clásica de pasado (spoke, saw, ate,) se utiliza únicamente en el Pasado Afirmativo.

Advierta asimismo que tanto en el Pasado Interrogativo como en el Negativo, el verbo está en presente (speak, see, eat,), ya que los auxiliares *did* y *did*n't *(did* not) que se emplean en dichas formas están ya en pasado.

Recuerde que *did* constituye el pasado de *do* y *does,* en tanto que *did*n't lo es de *don't* y *doesn't.*

| *Infinitivo* | *Pasado Afirmativo* | *Pasado Interrogativo* | *Pasado Negativo* |
|---|---|---|---|
| To *speak* | SPOKE (spóuc) | *Did* (someone)[1] *speak?* | *Did* not *speak* |
| to *see* | SAW (so) | *did* (someone) *see?* | *did* not *see* |
| to *eat* | ATE (eit) | *did* (someone) *eat?* | *did* not *eat* |
| to *drink* | DRANK (dranc) | *did* (someone) *drink?* | *did* not *drink* |
| to *go* | WENT (uént) | *did* (someone) *go?* | *did* not *go* |
| to *come* | CAME (kéim) | *did* (someone) *come?* | *did* not *come* |
| to *get* | GOT (got) | *did* (someone) *get?* | *did* not *get* |
| to *buy* | BOUGHT (bot) | *did* (someone) *buy?* | *did* not *buy* |
| to *tell* | TOLD (tóuld) | *did* (someone) *tell?* | *did* not *tell* |
| to *leave* | LEFT (left) | *did* (someone) *leave?* | *did* not *leave* |
| to *hear* | HEARD (jerd) | *did* (someone) *hear?* | *did* not *hear* |
| to *know* | KNEW (niú) | *did* (someone) *know?* | *did* not *know* |
| to *sleep* | SLEPT (slépt) | *did* (someone) *sleep?* | *did* not *sleep* |
| to *have* | HAD (jad) | *did* (someone) *have?* | *did* not *have* |
| to *do* | DID (did) | *did* (someone) *do?* | *did* not *do* |
| to *read* | READ (red) | *did* (someone) *read?* | *did* not *read* |
| to *write* | WROTE (róut) | *did* (someone) *write?* | *did* not *write* |
| to *give* | GAVE (guéiv) | *did* (someone) *give?* | *did* not *give* |
| to *bring* | BROUGHT (brot) | *did* (someone) *bring?* | *did* not *bring* |
| to *take* | TOOK (tuc) | *did* (someone) *take?* | *did* not *take* |
| to *find* | FOUND (fáund) | *did* (someone) *find?* | *did* not *find* |
| to *be* { | *was* *were* | { *was* (I, he, she, it)? *were* (we, you, they)? | { *was* not *were* not |
| can | *could* | *could* (someone)? | *could* not |

---

[1] Aquí *someone* (alguien) hace las veces de cualquier sujeto o persona (I, you, he, she, it, we, you, they). Por lo tanto Ud. puede reemplazarlo por cualquiera de ellos.

94

## EMPLEO DE *DID* Y *DID* NOT PARA CONSTRUIR EL PASADO *INTERROGATIVO* Y *NEGATIVO* DE LOS VERBOS REGULARES E IRREGULARES

Observemos primeramente que el verbo se emplea en su forma en *pasado* únicamente en el pasado *afirmativo*, tanto en los verbos *regulares* como *irregulares*.

| | | | |
|---|---|---|---|
| I | *SPOKE* | to Mary | *yesterday* |
| You | *SAW* | Richard | *yesterday* |
| He | *ATE* | chicken | *yesterday* |
| She | *WROTE* | a letter | *yesterday* |
| They | *WORKED* | hard | *yesterday* |

### COMENTARIOS

Las terceras personas del singular *he, she, it* nunca llevan *s* en los verbos en *pasado*, ya sean *regulares* o *irregulares*. Ejemplos: It RAIN*ED* yesterday = llovió ayer; John *DRANK* some coffee last night = Juan bebió café anoche; Alice *SLEPT* five hours last night = Alicia durmió cinco horas anoche; We *WENT* to the theater last night = Fuimos al teatro anoche, etc.

Advierta el empleo de *DID* y los verbos en su forma *simple* *(speak, see, eat,* etc.) para construir el pasado *interrogativo.* Nótese asimismo que la posición de *DID* está antes de los sujetos en dichas preguntas.

En el pasado *negativo* se emplea *DID* NOT y su posición está inmediatamente después de los sujetos. Observe también los verbos en su forma simple en dichas negaciones.

| *DID* | I | *speak* | to Mary? | I | *DID* NOT | *speak* | to Mary. |
| *DID* | you | *see* | Richard? | You | *DID* NOT | *see* | Richard. |
| | | | | | | | |
| *DID* | he | *eat* | chicken? | He | *DID* NOT | *eat* | chicken. |
| *DID* | she | *write* | a letter? | She | *DID* NOT | *write* | a letter. |
| | | | | | | | |
| *DID* | they | *work* | hard? | They | *DID* NOT | *work* | hard. |

## COMENTARIOS

También se puede emplear *DIDN'T*, que es la contracción de *did not,* en la forma negativa. Ejemplos: John *DIDN'T buy* a car last week = Juan no compró un auto la semana pasada; we *DIDN'T go* to the theater last night = No fuimos al teatro anoche, etc.

Observe el empleo de las palabras interrogativas *what, where, when* y *whom* (a quién), así como *DID* para interrogar en pasado. En las respuestas, o sea, el pasado afirmativo, note que el verbo cambia de su forma simple: *buy, eat, go,* etc., a su forma clásica de pasado: *bought, ate, went,* etc.

| | | | | | | |
|---|---|---|---|---|---|---|
| What | *DID* | you | *buy?* | I | *BOUGHT* | a car. |
| What | *DID* | John | *eat?* | He | *ATE* | a banana. |
| What | *DID* | Mary | *see?* | She | *SAW* | a picture. |
| What | *DID* | they | *read?* | They | *READ* | the news. |
| What | *DID* | I | *write?* | You | *WROTE* | a letter. |
| What | *DID* | Joe | *get?* | He | *GOT* | a job. |
| | | | | | | |
| Where | *DID* | Frank | *go?* | He | *WENT* | to the movies. |
| Where | *DID* | you | *work?* | I | *WORKED* | in the bank. |
| Where | *DID* | Lucy | *live?* | She | *LIVED* | in New York. |
| Where | *DID* | you | *study?* | We | *STUDIED* | in London. |
| | | | | | | |
| When | *DID* | John | *come?* | he | *CAME* | yesterday. |
| When | *DID* | they | *finish?* | They | *FINISHED* | last week. |
| When | *DID* | I | *pay?* | You | *PAID* | last month. |
| When | *DID* | Mary | *leave?* | She | *LEFT* | last Monday. |
| When | *DID* | we | *arrive?* | You | *ARRIVED* | last Sunday. |
| When | *DID* | Frank | *call?* | He | *CALLED* | one hour ago. |
| | | | | | | |
| Whom | *DID* | you | *speak?* | I | *SPOKE* | to Charles. |
| Whom | *DID* | he | *give* it? | He | *GAVE* | it to me. |
| Whom | *DID* | they | *bring* it? | They | *BROUGHT* | it to Helen. |
| Whom | *DID* | Frank | *love?* | He | *LOVED* | Alice. |
| Whom | *DID* | John | *kiss?* | He | *KISSED* | his mother |

## Práctica

Cámbiense estas preguntas y respuestas en pasado a la forma negativa, también en tiempo pasado. Use la contracción de *DID* NOT. Ejemplos:

I *DIDN'T* buy a car
He *DIDN'T* eat a banana, etc.

Después léalas en voz alta.

97

# LOS VERBOS IRREGULARES MÁS USUALES

He aquí los verbos irregulares más frecuentemente empleados en la conversación cotidiana. Obsérvelos agrupados mnemotécnicamente para facilitar una más rápida asimilación. Advierta también la identidad en letras, así como la *rima verbal* que impera en cada uno de los distintos grupos. Por ejemplo: bought, brought, thought, sought, y fought donde predomina el sonido "ot".

| Infinitivos | | Pasado | | Traducción de ambas formas |
|---|---|---|---|---|
| To buy | (tu bai) | BOUGHT | (bot) | comprar-compró |
| to bring | (tu bring) | BROUGHT | (brot) | traer-trajo |
| to think | (tu zinc) | THOUGHT | (zot) | pensar-pensó |
| to seek | (tu siic) | SOUGHT | (sot) | buscar-buscó |
| to fight | (tu fait) | FOUGHT | (fot) | pelear-peleó |
| | | | | |
| to speak | (tuspíic) | SPOKE | (spóuc) | hablar-habló |
| to break | (tu bréic) | BROKE | (bróuc) | romper-rompió |
| to steal | (tustíil) | STOLE | (stóul) | robar-robó |
| to choose | (tu chus) | CHOSE | (chóus) | escoger-escogió |
| | | | | |
| to write | (tu ráit) | WROTE | (róut) | escribir-escribió |
| to drive | (tu dráiv) | DROVE | (dróuv) | manejar-manejó |
| to ride | (tu raid) | RODE | (róud) | montar-montó |
| | | | | |
| to sleep | (tuslíip) | SLEPT | (slépt) | dormir-durmió |
| to keep | (tu kíip) | KEPT | (képt) | guardar-guardó |
| to sweep | (tu suíip) | SWEPT | (suépt) | barrer-barrió |
| to feel | (tu fiil) | FELT | (felt) | sentir-sintió |
| to leave | (tu líiv) | LEFT | (left) | salir-salió |
| to meet | (tu míit) | MET | (met) | encontrarse-se encontró |
| | | | | |
| to drink | (tu drinc) | DRANK | (dranc) | beber-bebió |
| to begin | (tu biguín) | BEGAN | (bigán) | empezar-empezó |
| to swim | (tu suím) | SWAM | (suám) | nadar-nadó |
| to sing | (tu sing) | SANG | (sang) | cantar-cantó |
| to ring | (tu ring) | RANG | (rang) | tocar-tocó (timbre o campana) |
| tu run | (tu ron) | RAN | (ran) | correr-corrió |
| to sit | (tu sit) | SAT | (sat) | sentarse-se sentó |
| | | | | |
| to know | (tu nóu) | KNEW | (niú) | conocer, saber-conoció, supo |
| to grow | (tu gróu) | GREW | (grú) | crecer-creció |
| to throw | (tu zróu) | THREW | (zrú) | arrojar-arrojó |
| to blow | (tu blóu) | BLEW | (blú) | soplar-sopló |
| to fly | (tu flai) | FLEW | (flú) | volar-voló |
| | | | | |
| to send | (tu send) | SENT | (sent) | enviar-envió |
| to spend | (tuspénd) | SPENT | (spent) | gastar-gastó |

| Infinitivos | | Pasado | | Traducción de ambas formas |
|---|---|---|---|---|
| to give | (tu guiv) | GAVE | (guéiv) | dar-dio |
| to forgive | (tu forguív) | FORGAVE | (forguéiv) | perdonar-perdonó |
| to forbid | (tu forbid) | FORBADE | (forbéid) | prohibir-prohibió |
| | | | | |
| to get | (tu guet) | GOT | (got) | conseguir-consiguió |
| to forget | (tu forguét) | FORGOT | (forgót) | olvidar-olvidó |
| | | | | |
| to tell | (tu tel) | TOLD | (tóuld) | decir-dijo |
| to sell | (tu sel) | SOLD | (sóuld) | vender-vendió |
| | | | | |
| to wear | (tu uéar) | WORE | (uor) | usar-usó (llevar puesto) |
| to tear | (tu téar) | TORE | (tor) | rasgar-rasgó |
| | | | | |
| to stand | (tustánd) | STOOD | (stúd) | poner de pie-puso de pie |
| to understand | (tu onderstand) | UNDERS-TOOD | (onderstúd) | entender-entendió |
| | | | | |
| to teach | (tu tíich) | TAUGHT | (tot) | enseñar-enseñó |
| to catch | (tu catch) | CAUGHT | (cot) | atrapar-atrapó |
| | | | | |
| to take | (tu téic) | TOOK | (tuc) | tomar-tomó, llevar-llevó |
| | | | | |
| to shake | (tu shéic) | SHOOK | (shuc) | agitar-agitó |
| to wake | (tu uéic) | WOKE | (uóc) | despertar-despertó |
| | | | | |
| to say | (tu sei) | SAID | (sed) | decir-dijo |
| to pay | (tu pei) | PAID | (péid) | pagar-pagó |
| | | | | |
| to hang | (tu jang) | HUNG | (jong) | colgar-colgó |
| to swing | (tu suíng) | SWUNG | (suóng) | balancear-balanceó |
| | | | | |
| to hold | (tu jóuld) | HELD | (jeld) | sostener-sostuvo |
| to fall | (tu fol) | FELL | (fel) | caer-cayó |
| | | | | |
| to win | (tu uín) | WON | (uón) | ganar-ganó (competencia) |
| to shine | (tu sháin) | SHONE | (shon) | brillar-brilló |
| | | | | |
| to come | (tu com) | CAME | (kéim) | venir-vino |
| to become | (tu bicóm) | BECAME | (bikéim) | llevar a ser-llegó a ser |
| to eat | (tu íit) | ATE | (eit) | comer-comió |
| | | | | |
| to find | (tu fáind) | FOUND | (fáund) | encontrar-encontró |
| to lose | (tu lus) | LOST | (lost) | perder-perdió |
| | | | | |
| to have | (tu jav) | HAD | (jad) | tener, haber-tuvo, hubo |
| to make | (tu méic) | MADE | (méid) | manufacturar-manufacturó |
| to do | tu du) | DID | (did) | hacer-hizo |
| to see | (tu síi) | SAW | (so) | ver-vio |
| | | | | |
| to put | (tu put) | PUT | (put) | poner-puso |
| to let | (tu let) | LET | (let) | permitir-permitió, dejar-dejó |

|  Infinitivos |  | Pasado |  | Traducción de ambas formas |
| --- | --- | --- | --- | --- |
| to set | (tu set) | SET | (set) | fijar-fijó |
| to cost | (tu cost) | COST | (cost) | costar-costó |
| to cut | (tu cot) | CUT | (cot) | cortar-cortó |
| to quit | (tu cuít) | QUIT | (cuít) | renunciar-renunció |
| to hurt | (tu jert) | HURT | (jert) | lesionar-lesionó |

## Práctica

Cambie las siguientes oraciones al tiempo pasado. Agregue al final de cada oración palabras como *yesterday, last week, last Sunday*, etc.

1. We are busy.
2. Betty can play the piano
3. John is in New York.
4. You see him in school.
5. My father eats caviar.
6. Susan writes many letters.
7. The manager speaks in the meeting.
8. They go to the theater.
9. Charles reads a book.
10. I drink coffee.
11. You drive a car.
12. Helen does her home-work
13. We sing that song.
14. Robert sleeps in a hotel.
15. Alice buys some presents.
16. You keep money in the Bank.
17. It works well.
18. They forget their umbrella
19. You wear a hat.
20. We choose nice colors.
21. He breaks his leg.
22. Paul swims in a lake.
23. Mary brings you flowers.
24. I get good percentage.
25. I hear a noise.
26. We know Paris.
27. Richard meets with Susan.

28. You feel cold in Winter.
29. They leave early.
30. He sends a package.
31. You lend money.
32. We give toys to the children.
33. I think of her.
34. You freeze your ears.
35. George pays the bills.
36. I sell cars.
37. They ride on a bus.
38. We tell the truth.
39. Helen sets the table.
40. You hurt your arm.
41. She spends too much money.
42. They fight among themselves.
43. I seek information.
44. He forgives his enemies.
45. Peter steal money.
46. They kneel in church.
47. She weeps for nothing.
48. You swear in vain.
49. The girl sweeps the floor.
50. I cut the cake.
51. Henry puts on a hat.
52. Your parents forbide you to smoke.


## Práctica

Haga preguntas que contesten a las siguientes afirmaciones de acuerdo con las palabras interrogativas enumeradas a continuación. Ejemplo:

(afirmación) John goes to the movies every Saturday.

1. What    does John do every Saturday _____ ?

2. When _____ ?

3. Where_____ ?

(afirmación) Gregory bought a pair of shoes down-town yesterday.

1. Where_____ ?

2. What _____ ?

3. When _____ ?

4. Who _____ ?

(afirmación) John went to Miami by airplane last week.

1. How _____ ?

2. Who _____ ?

3. When _____ ?

4. Where _____ ?

5. What _____ ?

(afirmación) They work in the office every day.

1. Who _____ ?

2. Where _____ ?

3. What _____ ?

4. When _____ ?

## EMPLEO DE LA FORMA *USED TO*
## PARA EXPRESAR EL *COPRETÉRITO*

Observe el empleo de *USED TO* para expresar *hábito en el pasado*, es decir *solía* o *acostumbraba*. En otras palabras, equivale en español a las terminaciones *aba, abas, ábamos, aban,* o *ía, ías, íamos, ían*. Ejemplos: I *USED TO work* = yo traba*jaba*. We *USED TO live* = viv*íamos*.

En el interrogativo, empleamos el auxiliar *DID*. Note además que la palabra *USED* pierde la *D* final: *DID* you *USE TO play* baseball? (jug*abas* beisbol?

| I | *USED TO* | *speak* English | *DID* you | *USE TO* | speak *it?* |
|---|---|---|---|---|---|
| He | *USED TO* | *go to* school | *DID* he | *USE TO* | go? |
| We | *USED TO* | *travel* much | *DID* we | *USE TO* | travel? |
| They | *USED TO* | *work* overtime | *DID* they | *USE TO* | work? |

### COMENTARIOS

La forma *USED TO* se emplea con todos los sujetos o pronombres personales y denota como ya expresamos un pasado *remoto* de acciones que solíamos efectuar pero que al presente ya no las realizamos más.

Observe ahora en el negativo el empleo de *DIDN'T USE TO*. Advierta asimismo la ausencia de la *D* final de *USED*. Ejemplo:

I *DIDN'T USE TO* eat chicken = Yo no com*ía* pollo.

| I | *DIDN'T* | *USE TO* | speak | English |
|---|---|---|---|---|
| He | *DIDN'T* | *USE TO* | go | to school |
| We | *DIDN'T* | *USE TO* | travel | very much |
| They | *DIDN'T* | *USE TO* | work | overtime |

# CONVERSATION

–WHAT *DID* YOU *USE* TO DO WHEN YOU WERE A BOY?
(¿Qué hacía Ud. cuando era un muchacho? )

–I *USED* TO PLAY WITH MY FRIENDS
(Yo jugaba con mis amigos)

–WHAT *DID* YOU *USE* TO PLAY WITH YOUR FRIENDS?
(¿A qué jugaba Ud. con sus amigos? )

–WE *USED* TO PLAY BASE-BALL
(Jugábamos beisbol)

–WHERE *DID* YOU *USE* TO GO SOME YEARS AGO?
(¿Dónde iba Ud. hace algunos años? )

–I *USED* TO GO TO THE COUNTRY SOME YEARS AGO
(Yo iba al campo hace algunos años)

–WHEN *DID* JOHN *USE* TO COME HERE?
(¿Cuándo venía aquí Juan? )

–HE *USED* TO COME HERE WHEN HE WAS A STUDENT
(Él venía aquí cuando era estudiante)

–WHEN *DID* CHARLES AND MARY *USE* TO GO TO THE THEATER?
(¿Cuándo iban al teatro Carlos y María? )

–THEY *USED* TO GO TO THE THEATER WHEN THEY WERE FRIENDS
(Ellos iban al teatro cuando eran amigos)

–WHERE *DID* ALICE *USE* TO WORK BEFORE?
(¿Dónde trabajaba antes Alicia? )

–SHE *USED* TO WORK IN CANADA
(Ella trabajaba en Canadá)

–WHERE *DID* ROBERT *USE* TO LIVE BEFORE?
(¿Dónde vivía antes Roberto? )

–HE *USED* TO LIVE IN LOS ANGELES
(Él vivía en Los Ángeles)

—WHERE *DID* YOUR PARENTS *USE* TO LIVE BEFORE?
(¿Dónde vivían antes tus padres? )

—THEY *USED* TO LIVE IN SPAIN
(Ellos vivían en España)

—*DID* YOU USE TO SWIM WHEN YOU WERE YOUNG?
(¿Nadaba Ud. cuando era joven? )

—l *DIDN'T USE* TO SWIM. I *USED* TO DANCE
(Yo no nadaba. Yo bailaba)

—WHERE *DID* YOU *USE* TO DANCE BEFORE?
(¿Dónde bailaba Ud. antes? )

—I *USED* TO DANCE IN THE PARTIES
(Yo bailaba en las fiestas)

—*DID* SUSAN *USE* TO SPEAK ENGLISH BEFORE?
(¿Hablaba inglés antes Susana? )

—YES, SHE *USED* TO
(Sí, ella hablaba)

—WHERE *DID* SHE *USE* TO SPEAK ENGLISH BEFORE?
(¿Dónde hablaba ella inglés antes? )

—SHE *USED* TO SPEAK ENGLISH IN THE UNITED STATES
(Ella hablaba inglés en los Estados Unidos)

## Práctica

Cambie a la forma *USED TO* las siguientes oraciones. Añada palabras como *before, many years ago*, etc. al final de cada oración.

1. I work in Chicago.
2. Do you live in New York?
3. They don't play base-ball.
4. John goes to picnics.
5. Susan doesn't cook dinner
6. Does Henry speak English fluently?
7. We eat chicken on Sunday.
8. Mary writes many letters.
9. Does the secretary type quickly?
10. I don't read quickly.
11. The children drink orange juice in the morning.
12. My mother drives slowly.
13. My father doesn't swim slowly.
14. They dance very well.
15. Does Robert come here?

# EMPLEO DEL AUXILIAR *WOULD* PARA
# EXPRESAR EL *POTENCIAL SIMPLE* (CONDITIONAL)

Observe el empleo de *WOULD* para expresar acciones condicionales y cuyas terminaciones en español son *aría, arías, aría, aríamos, arían*. Ejemplos: I *WOULD speak* = yo hablaría. We *WOULD work* = trabajar*íamos*.
En el interrogativo *WOULD* se antepone a los sujetos. Ejemplos: *WOULD* you *work?* = ¿trabajar*ías*?
Tanto en el afirmativo, negativo e interrogativo *WOULD* se emplea con verbos en su forma simple *(speak, go, work,* etc.) y con todos los sujetos o pronombres personales.

| I | *WOULD* | *buy* | that car | *WOULD* | you | *buy* | that car? |
|------|---------|-------|----------|---------|------|-------|-----------|
| He | *WOULD* | *live* | in N Y | *WOULD* | he | *live* | in N. Y.? |
| They | *WOULD* | *speak* | English | *WOULD* | they | *speak* | English? |

Observe ahora en el negativo la partícula NOT inmediatamente después de *WOULD* y los verbos en su forma simple: *buy, live, speak.*

| I | *would* | NOT | *buy* | that car |
|-------|---------|-----|-------|--------------|
| He | *would* | NOT | *live* | in New York |
| They | *would* | NOT | *speak* | English |

## COMENTARIOS

Asimismo se puede emplear con todos los sujetos o pronombres personales la contracción *WOULDN'T (would* not) Ejemplos: I *WOULDN'T buy* that car = Yo no compraría ese auto. He *WOULDN'T live* in New York = él no viviría en Nueva York.

107

## CONVERSATION

—WHAT *WOULD* YOU LIKE TO DO NEXT WEEK?
(¿Qué te gustaría hacer la semana próxima? )

—I *WOULD* LIKE TO DO MANY THINGS
(Me gustaría hacer muchas cosas)

—WHERE *WOULD* YOU LIKE TO GO NEXT SUNDAY?
(¿Dónde te gustaría ir el próximo domingo? )

—I *WOULD* LIKE TO GO TO A PICNIC
(Me gustaría ir a un día de campo)

—*WOULD* YOU LIKE TO GO BY BUS OR BY CAR?
(¿Te gustaría ir en autobús o en auto? )

—I *WOULD* LIKE TO GO BY CAR
(Me gustaría ir en auto)

—*WOULD* YOU INVITE SOME FRIENDS TO GO WITH YOU?
(¿Invitarías a algunos amigos para ir contigo? )

—YES, I *WOULD* INVITE SOME
(Sí, yo invitaría a algunos)

—*WOULD* YOU GO DRIVING YOUR CAR?
(¿Irías manejando tu auto? )

—YES, I *WOULD* GO DRIVING MY CAR
(Sí, yo iría manejando mi auto)

—*WOULD* YOU EAT SANDWICHES OR A REGULAR MEAL?
(¿Comerías emparedados o comida normal? )

—WE *WOULD* EAT SANDWICHES
(Comeríamos emparedados)

—AT WHAT TIME *WOULD* YOU LEAVE?
(¿A qué hora saldrían Uds? )

—WE *WOULD* LEAVE AT EIGHT O'CLOCK IN THE MORNING
(Saldríamos a las ocho de la mañana)

– AT WHAT TIME *WOULD* YOU GET BACK?
(A qué hora regresarían? )

–WE *WOULD* GET BACK AT SIX O'CLOCK
(Regresaríamos a las seis)

– WHAT *WOULD* YOU DO IF YOU *WERE* VERY RICH?
(¿Qué haría Ud. si fuera muy rico? )

–IF I *WERE* VERY RICH, I *WOULD* TRAVEL AROUND THE WORLD
(Si yo fuera rico, viajaría alrededor del mundo)

–WHAT *WOULD* YOU DO IF YOU *HAD* A MILLION DOLLARS?
(¿Qué haría Ud. si tuviera un millón de dólares? )

–IF I *HAD* A MILLION DOLLARS, I *WOULD* BUY A YACHT
(Si tuviera un millón de dólares compararía un yate)

–WHERE *WOULD* YOU GO ON WEEK-ENDS IF YOU *HAD* A PRIVATE AIRPLANE?
(¿A dónde iría Ud. los fines de semana si Ud. tuviera un avión particular? )

–IF I *HAD* A PRIVATE AIRPLANE, I *WOULD* GO TO ACAPULCO ON WEEK-ENDS
(Si yo tuviera un avión particular yo iría a Acapulco los fines de semana)

–WHAT *WOULD* YOU DO IF YOU *WERE* VERY POOR?
(¿Qué haría Ud. si fuera muy pobre? )

–IF I *WERE* VERY POOR, I *WOULD* WORK VERY HARD
(Si yo fuera muy pobre trabajaría mucho)

– *WOULD* YOU ASK FOR CHARITY, IF YOU *WERE* VERY POOR?
(¿Pediría Ud. caridad si fuera Ud. muy pobre? )

–NO, I *WOULD* NOT ASK FOR CHARITY, I *WOULD* WORK HARD
(No, yo no pediría caridad. Trabajaría mucho)

## Práctica

Llene los espacios en blanco, empleando *WILL* o *WOULD* de acuerdo con el complemento de cada oración.

1. I _____ go to New York *next year.*

2. I _____ go to New York *if* I had money.

3.. _____ you buy that car *if* it were new?

4. _____ you buy a car *next year?*

5. We _____ not leave for Chicago *tomorrow.*

6. _____ they come to the party *tonight?*

7. Mary _____ speak English well, *if* she practiced it.

8. _____ you be happier *if* you were rich?

9. We _____ visit Europe *next Summer.*

10. I _____ help you *if* I could.

11. Charles _____ study *if* he had more time.

12. Susan _____ work *next week.*

13. We _____ travel around the world *if* we were rich

14. I _____ swim today *if* I were not sick.

15. We _____ eat in a restaurant *tonight.*

# EMPLEO DEL VERBO AUXILIAR *MAY*
## PARA EXPRESAR *POSIBILIDAD EN PRESENTE*
### *(MAY = ES POSIBLE O POSIBLEMENTE)*

Observe que *MAY* expresa dos significados diferentes. En el afirmativo, *posibilidad;* pero en el interrogativo denota *permiso.*
Ejemplo: *May I go?* = ¿Puedo irme?

| I | *MAY* | *go* to Europe soon | *MAY* | I | *go* | home now? |
|---|---|---|---|---|---|---|
| We | *MAY* | *speak* English soon | *MAY* | we | *speak* | English? |
| John | *MAY* | *come* here soon | *MAY* | John | *come* | here? |
| They | *MAY* | *study* at night | *MAY* | they | *study* | at night? |

## COMENTARIOS

Es importante hacer notar que, tanto en el afirmativo como en el interrogativo, después del auxiliar *may* el verbo se emplea en su forma simple, o sea, sin la partícula *to.*
Asimismo *may* se emplea con todos los sujetos o pronombres personales y no lleva *s* con las terceras personas *he, she, it,* por ser un verbo defectivo.

Advierta la partícula NOT inmediatamente después de *MAY* para construir la forma negativa.
Aquí *MAY* NOT puede expresar dos cosas: o *posibilidad negativa* o *permiso denegado.* Ejemplos:
I *may not* travel soon. (Es posible que yo no viaje pronto.)
You *may not* work without papers. (Ud. no puede trabajar sin papeles.)

| I | *may* | NOT | *go* | to Europe this year |
|---|---|---|---|---|
| We | *may* | NOT | *speak* | English now |
| John | *may* | NOT | *come* | here now |
| They | *may* | NOT | *study* | at night |

## COMENTARIOS

El verbo en su forma simple *(go, speak, come,* etc.) se emplea inmediatamente después de *may* NOT en sus dos significados. Ejemplos?

I *MAY not go* to Europe this year *(Es posible* que yo no vaya
a Europa este año), o
(Yo *no puedo* ir a Europa
este año).

111

## CONVERSATION

—WHAT DO YOU THINK PAUL *MAY* DO NOW?
(¿Qué cree Ud. que Pablo pueda hacer ahora? )

—HE *MAY* FINISH THE EXPENSE BUDGET
(Puede que termine el presupuesto de gastos)

—WHERE DO YOU THINK THE BOYS *MAY* GO NEXT SATUR-
DAY?
(¿Dónde cree Ud. que los muchachos puedan ir el próximo sá-
bado? )

—THEY *MAY* GO TO THE MOVIES NEXT SATURDAY
(Puede que ellos vayan al cine el próximo sábado)

—WHEN DO YOU THINK MARY *MAY* COME BACK HERE?
(¿Cuándo cree Ud. que María pueda regresar aquí? )

—MARY *MAY* COME BACK HERE NEXT WEEK
(Puede que María regrese aquí la semana próxima)

—AT WHAT TIME DO YOU THINK THE TRAIN *MAY* ARRIVE?
(¿A qué hora cree Ud. que pueda llegar el tren? )

—THE TRAIN *MAY* ARRIVE AT THREE O'CLOCK
(Puede que el tren llegue a las tres)

—DO YOU THINK IT *MAY* RAIN TODAY?
(¿Cree Ud. que hoy pueda llover? )

—IT *MAY* NOT RAIN TODAY
(Puede que hoy no llueva)

—HOW LONG DO YOU THINK THE DOCTOR *MAY* WAIT FOR
ME?
(¿Cuánto tiempo cree Ud. que el doctor pueda esperarme? )

—HE *MAY* WAIT FOR YOU A FEW MINUTES
(Puede que él lo espere unos minutos)

—DO YOU THINK CHARLES *MAY* UNDERSTAND MY EN-
GLISH'
(¿Cree Ud. que Carlos pueda entender mi inglés? )

112

–I THINK HE *MAY*
(Creo que sí pueda)

–*MAY* I GO NOW?
(¿Puedo irme ahora?)

–YES, YOU *MAY* (NO, YOU *MAY* NOT)
(Si, sí puede. No, no puede)

–*MAY* I SMOKE HERE?
(¿Puedo fumar aquí?)

–NO, YOU *MAY* NOT
(No, Ud. no puede)

–*MAY* I SEE THE MANAGER?
(¿Puedo ver al gerente?)

–YES, YOU *MAY*
(Si, sí puede)

–*MAY* I SPEAK TO YOU?
(¿Puedo hablar con Ud.?)

–YES, YOU *MAY*
(Si, sí puede)

–*MAY* I HELP YOU?
(¿Puedo servirlo?)

–YES, YOU *MAY*
(Si, sí puede)

–*MAY* GOD BLESS YOU!
(¡Qué Dios te bendiga!)

–*MAY* YOU LIVE LONG!
(¡Que vivas muchos años!)

## EMPLEO DEL VERBO AUXILIAR *MIGHT*
## PARA EXPRESAR *PERMISO EN PASADO*
## O *POSIBILIDAD EN FUTURO*

Observe primeramente *MIGHT* expresando *posibilidad en futuro* en la forma afirmativa: I *might go to New York next year* = Yo *podría* ir a Nueva York el año próximo.
En el negativo, note la partícula NOT inmediatamente después de *might*. Ejemplo:
I *might* NOT *go to New York next year* = Yo *podría no* ir a Nueva York el año próximo.

| I | *MIGHT* | *go* | there next year | | I | | *might* NOT | *go* | there |
|---|---------|------|-----------------|---|---|---|-------------|------|-------|
| He | *MIGHT* | *stay* | here longer | | He | | *might* NOT | *stay* longer | |
| They | *MIGHT* | *come* | here next month | | They | | *might* NOT | *come* here | |

Observe ahora *MIGHT* expresando *permiso en pasado* (podía). En este caso *might* es la forma en pasado de *may* cuando este último expresa *permiso concedido*, mas no *posibilidad*. Note asimismo el *pasado* del verbo *to say* (decir, *said* (dijo).

| My father | said that I | *MIGHT* | *go* | to that place. |
|-----------|-------------|---------|------|----------------|
| Her mother | said that she | *MIGHT* | *stay* | in Chicago another week |
| Mr. Davis | said that they | *MIGHT* | *come* | here tomorrow |

## COMENTARIOS

Para expresar *permiso denegado* en tiempo *pasado*, basta colocar la partícula negativa NOT inmediatamente después de *might*. Ejemplos:

*Her mother said that she might* NOT *stay in Chicago longer*
Su madre dijo que ella no podía permanecer en Chicago más tiempo

*My father said that I might* NOT *go to that place*
Mi padre dijo que yo *no podía* ir a ese lugar

Asimismo *might* se puede emplear en todos los casos y con todos los sujetos o pronombres personales.

114

## CONVERSATION

—WHAT DID JOHN SAY HE *MIGHT* DO TOMORROW?
( ¿Qué dijo Juan que podría hacer mañana? )

-HE SAID HE MIGHT WORK TOMORROW
(Él dijo que él podría trabajar mañana)

—WHERE DID HE SAY HE *MIGHT* WORK?
( ¿Dónde dijo que él podría trabajar? )

—HE SAID HE *MIGHT* WORK IN HIS OFFICE
(Él dijo que él podría trabajar en su despacho)

—WHEN DID MARY SAY SHE *MIGHT* COME HERE?
( ¿Cuándo dijo María que podría venir aquí? )

—SHE SAID SHE *MIGHT* COME HERE NEXT WEEK
(Ella dijo que podría venir aquí la semana próxima)

—AT WHAT TIME DID YOU SAY THE BUS *MIGHT* ARRIVE?
( ¿A qué hora dijo Ud. que podría llegar el autobús? )

—I SAID THE BUS *MIGHT* ARRIVE AT TEN O CLOCK
(Dije que el autobús podría llegar a las diez)

—DID YOUR PARENTS SAY THEY *MIGHT* TRAVEL NEXT
SUMMER?
( ¿Dijeron tus padres que podrían viajar el verano próximo? )

—THEY SAID THEY *MIGHT* NOT TRAVEL NEXT SUMMER
(Ellos dijeron que podrían no viajar el verano próximo)

—DID HER MOTHER SAY MARY *MIGHT* GO TO THE PARTY?
( ¿Dijo su madre que María podía ir a la fiesta? )

—MARY'S MOTHER SAID THE GIRL *MIGHT* GO TO THE PARTY
(La madre de María  dijo que la muchacha podía ir a la fiesta)

—DID THE TEACHER SAY YOU *MIGHT* LEAVE THE CLASS-
ROOM?
( ¿Dijo el maestro que podías salir del salón de clases? )

—THE TEACHER SAID I *MIGHT* LEAVE THE CLASSROOM
(El maestro dijo que yo podía salir del salón de clases)

115

—DID THE IMMIGRATION AUTHORITIES SAY YOU *MIGHT* WORK HERE?
(¿Dijeron las autoridades de migración que podía Ud. trabajar aquí? )

—THE IMMIGRATION AUTHORITIES SAID I *MIGHT* WORK HERE
(Las autoridades de migración dijeron que yo podía trabajar aquí)

—DID YOUR FATHER SAY YOU *MIGHT* SMOKE?
(¿Dijo tu padre que podías fumar? )

—MY FATHER SAID I *MIGHT* SMOKE
(Mi padre dijo que yo podía fumar)

—WHO SAID ALICE *MIGHT* GO DANCING?
(¿Quién dijo que Alicia podía ir a bailar? )

—HER FATHER SAID SHE *MIGHT* GO DANCING
(Su padre dijo que ella podía ir a bailar)

—WHO SAID THE BOYS *MIGHT* GO SWIMMING?
(¿Quién dijo que los muchachos podían ir a nadar? )

—THEIR MOTHER SAID THE BOYS *MIGHT* GO SWIMMING
(Su madre (de ellos) dijo que los muchachos podían ir a nadar)

—DID PAUL SAY YOU *MIGHT* SEE THAT MOVIE?
(¿Dijo Pablo que podías ver esa película? )

—HE SAID I *MIGHT* NOT SEE THAT MOVIE
(Él dijo que yo no podía ver esa película)

## Práctica

Llene los espacios en blanco escogiendo entre *MAY, MIGHT, CAN* o *COULD*, de acuerdo con las indicaciones que están entre paréntesis.

(Permiso) _____ I go now?

(Posibilidad presente) It _____ not rain today.

(Permiso pasado)  My father said I _____ go to the party.

(Posibilidad futura)  I _____ visit New York some day.

(Deseo) _____ Christmas bring you peace and happiness!

(Habilidad pasado) _____ you see the parade last Sunday?

(Permiso) _____ we smoke here?

(Permiso pasado)  They said we _____ smoke here.

(Habilidad presente) _____ he read and write English?

(Posibilidad futura) _____ we learn English next year?

(Habilidad pasado)  Lucy _____ not come here yesterday.

(Deseo) _____ you be very happy!

(Posibilidad presente)  I _____ go swimming today.

(Habilidad presente)  Richard _____ speak English very well.

# EMPLEO DEL VERBO AUXILIAR *MUST* PARA EXPRESAR *NECESIDAD* U *OBLIGACIÓN MORAL*

Observe la carencia de *to* después de *MUST* en los verbos en infinitivo *(work, rest, study,* etc.) que a continuación le siguen. Es decir, que el *infinitivo* pierde la partícula *to* inmediatamente después de emplear *MUST*.
Ejemplo: I *must* work = debo trabajar o tengo que trabajar.

Para formar el interrogativo, basta invertir la posición del verbo auxiliar *(must)* con la de los sujetos *(I, John, we,* etc.) Compárese la posición de *MUST* en estas dos gráficas.

| | | | | | | | |
|---|---|---|---|---|---|---|---|
| I | *MUST* | *work* | daily | *MUST* | I | *work* | daily? |
| You | *MUST* | *rest* | daily | *MUST* | you | *rest* | daily? |
| John | *MUST* | *study* | daily | *MUST* | John | *study* | daily? |
| Alice | *MUST* | *cook* | daily | *MUST* | Alice | *cook* | daily? |
| They | *MUST* | *practice* | daily | *MUST* | they | *practice* | daily? |

## COMENTARIOS

*MUST* se emplea con todos los sujetos o pronombres personales. Por ser un verbo defectivo *no* llevan *s* en *must* las terceras personas *he, she, it.*
Ejemplo: She *must cook* daily = ella *debe* cocinar diariamente.

118

Advierta ahora la partícula NOT inmediatamente después de *MUST* para formar así el negativo.

| I | must | NOT | work | on Sunday |
|------|------|-----|----------|-----------|
| You | must | NOT | rest | on Monday |
| | | | | |
| John | must | NOT | study | at night |
| Alice | must | NOT | cook | every day |
| | | | | |
| They | must | NOT | practice | today |

## COMENTARIOS

También puede emplearse la contracción de *must not*, *Must*N'T, con todos los sujetos o pronombres personales.
Ejemplos:
John *MUSTN'T study* at night = Juan no *debe* estudiar de noche.
She *MUSTN'T* sweep the house on Sunday = ella no *debe* barrer la casa el domingo.
We *MUSTN'T laugh* in class = no *debemos* reírnos en la clase, etc.

# CONVERSATION

–WHAT *MUST* YOU DO EVERY DAY?
(¿Qué debe Ud. hacer todos los días?)

–I *MUST* DO MY WORK
(Debo hacer mi trabajo)

–*MUST* YOU WRITE A REPORT EVERY DAY?
(¿Debe Ud. escribir un informe todos los días?)

–YES, I *MUST* WRITE IT
(Sí, debo escribirlo)

–*MUST* YOU CHECK THE BILLS, TOO?
(¿Debe Ud. rectificar las cuentas también?)

–NO, I *MUST* NOT
(No, no debo)

–WHERE *MUST* YOU GO TODAY?
(¿Dónde debe ir Ud. hoy?)

–I *MUST* GO TO THE POST-OFFICE
(Debo ir al correo)

–WHERE *MUST* RICHARD WORK NOW?
(¿Dónde debe trabajar Roberto ahora?)

–HE *MUST* WORK IN THE CREDIT DEPARTMENT
(El debe trabajar en el departamento de crédito)

–WHEN *MUST* YOUR BROTHER COME HERE?
(¿Cuándo debe venir aquí su hermano?)

–HE *MUST* COME HERE NEXT WEEK
(Él debe venir aquí la semana próxima)

–AT WHAT TIME *MUST* THEY LEAVE FOR NEW YORK?
(¿A qué hora deben ellos salir para Nueva York?)

–THEY *MUST* LEAVE AT EIGHT O'CLOCK
(Ellos deben salir a las ocho)

—WHAT *MUST* JOHN BUY TODAY?
(¿Qué debe comprar Juan hoy)

—HE *MUST* BUY AN ENGLISH BOOK
(Él debe comprar un libro de inglés)

—WHAT *MUST* MARY EAT?
(¿Qué debe comer María? )

—SHE *MUST* EAT FRUIT AND VEGETABLES
(Ella debe comer fruta y legumbres)

—WHAT *MUST* PAUL DRINK IN THE MORNING?
(¿Qué debe tomar Pablo en la mañana?

—HE *MUST* DRINK MILK AND ORANGE JUICE
(Él debe tomar leche y juego de naranja)

—HOW LONG *MUST* WE WAIT IN THIS ROOM?
(¿Cuánto tiempo debemos esperar en este cuarto? )

—YOU *MUST* WAIT FIFTEEN MINUTES
(Ustedes deben esperar quince minutos)

—HOW MANY THINGS *MUST* YOU BUY?
(¿Cuántas cosas debe Ud. comprar? )

—I *MUST* BUY MANY THINGS
(Debo comprar muchas cosas)

—HOW MUCH ENGLISH *MUST* HENRY SPEAK?
(¿Cuánto inglés debe hablar Enrique? )

—HE *MUST* SPEAK A LOT OF ENGLISH
(Él debe hablar mucho inglés)

# EMPLEO DEL VERBO AUXILIAR *SHOULD* PARA EXPRESAR DEBER DE CONVENIENCIA O REQUISITO A LLENAR

Observe cómo *SHOULD* no implica *deber moral*, sino más bien *conveniencia o recomendación*. Note asimismo cómo se prescinde de la partícula *to* en los verbos en *infinitivo* que se emplean inmediatamente después de dicho auxiliar.

Para construir la forma interrogativa, basta sólo invertir la posición del auxiliar *(should)* con la de los sujetos *(I, he, Mary,* etc.). Compárese la gráfica del *afirmativo* con la del *interrogativo*.

| | | | | | | | |
|---|---|---|---|---|---|---|---|
| I | *SHOULD* | *buy* | a car | *SHOULD* | I | *buy* | a car? |
| You | *SHOULD* | *see* | a doctor | *SHOULD* | you | *see* | a doctor? |
| Richard | *SHOULD* | *save* | money | *SHOULD* | Richard | *save* | money? |
| Mary | *SHOULD* | *spend* | money | *SHOULD* | Mary | *spend* | money? |
| Women | *SHOULD* | *marry* | young | *SHOULD* | women | *marry* | young? |

## COMENTARIOS

El auxiliar *SHOULD* se emplea con todos los sujetos o pronombres personales. Advierta asimismo cómo las terceras personas *he, she, it* no llevan *S* en dicho auxiliar por ser éste un verbo defectivo.

Note ahora la partícula NOT inmediatamente después de *SHOULD* para construir la forma negativa.

| | | | | |
|---|---|---|---|---|
| You | *should* | NOT | *buy* | that car |
| Richard | *should* | NOT | *save* | money |
| Mary | *should* | NOT | *spend* | too much money |

## COMENTARIOS

También se puede emplear *SHOULDN'T* que es la forma contraída de *should not*. Ejemplos:

Richard *SHOULDN'T save* money = Ricardo *no debería* ahorrar dinero; Mary *SHOULDN'T spend* too much money = María *no debería* gastar tanto dinero; women *SHOULDN'T marry* twice = las mujeres *no deberían* casarse dos veces.

# CONVERSATION

—WHAT *SHOULD* I DO TO IMPROVE MY ENGLISH?
(¿Qué debería yo hacer para mejorar mi inglés? )

—YOU *SHOULD* PRACTICE IT EVERY DAY
(Ud. debería practicarlo todos los días)

—WHERE *SHOULD* WE GO TODAY?
(¿Dónde deberíamos ir hoy? )

—YOU *SHOULD* GO TO THE MUSEUM
(Deberían Uds. ir al museo)

—WHEN *SHOULD* WE LEAVE FOR THE MUSEUM?
(¿Cuándo deberíamos salir para el museo? )

—YOU *SHOULD* LEAVE IN THE MORNING
(Uds. deberían salir en la mañana)

—AT WHAT TIME *SHOULD* YOU MEET WITH YOUR FRIENDS?
(¿A qué hora deberá Ud. reunirse con sus amigos? )

—I *SHOULD* MEET WITH THEM AT FIVE O'CLOCK
(Deberé reunirme con ellos a la cinco)

—WHAT BOOK *SHOULD* I READ?
(¿Qué libro debería leer? )

—YOU *SHOULD* READ A HISTORY BOOK
(Ud. debería leer un libro de historia)

—WHAT KIND OF PRESENT *SHOULD* I BUY FOR CHARLES?
(¿Qué clase de regalo debería yo comprar para Carlos? )

—YOU *SHOULD* BUY A GOOD BOOK FOR HIM
(Ud. debería comprarle un buen libro)

—WHAT KIND OF MOVIES *SHOULD* THE CHILDREN SEE?
(¿Qué clase de películas deberán ver los niños? )

—THEY *SHOULD* SEE COMIC MOVIES
(Ellos deberán ver películas cómicas)

123

—WHAT PLACE *SHOULD* WE VISIT IN NEW YORK?
(¿Qué lugar deberíamos visitar en Nueva York? )

—YOU *SHOULD* VISIT CENTRAL PARK
(Uds. deberían visitar el Parque Central)

—WHAT CLOTHES *SHOULD* I WEAR FOR THE PARTY?
(¿Qué ropa deberé usar yo para la fiesta? )

—YOU *SHOULD* WEAR A NECKTIE AND JACKET
(Ud. deberá usar corbata y saco)

—WHAT *SHOULD* I LEARN TO MAKE MORE MONEY?
(¿Qué debería yo aprender para ganar más dinero? )

—YOU *SHOULD* LEARN ENGLISH
(Ud. debería aprender inglés)

—WHAT *SHOULD* I WRITE ON THIS CARD?
(¿Qué deberé escribir en esta tarjeta? )

—YOU *SHOULD* WRITE YOUR NAME AND ADDRESS
(Ud. deberá escribir su nombre y dirección)

# EMPLEO DE *OUGHT TO*
## PARA EXPRESAR *DEBER DE CONVENIENCIA*

Observe el empleo del verbo auxiliar *OUGHT* (TO) para expresar *deber*, pero no moral, es decir, es más débil que *must* y *should*. Más bien expresa lo que equivale en español a *ES CONVENIENTE*. Recuérdese que *must* implica *necesidad* o *tener que* y *should* expresa *es preciso*, también implica *requisito a llenar*.

Adviértase asimismo que *OUGHT* es el único auxiliar que va seguido de la partícula TO. De ahí que la forma negativa es *OUGHT NOT* TO, no existiendo contracción alguna. Ejemplos:

*Richard ought NOT to spend too much money*
(Ricardo no *debiera* gastar tanto dinero)

*What you ought to know* = Lo que es conveniente que Ud. sepa.

| I | OUGHT TO | *buy* | that book | | I | *ought* | NOT | *to work* | at night |
|---|----------|-------|-----------|---|---|---------|-----|-----------|----------|
| He | OUGHT TO | *practice* | sports | | He | *ought* | NOT | *to spend* | that money |
| We | OUGHT TO | *learn* | English | | We | *ought* | NOT | *to eat* | pork |

## COMENTARIOS

El auxiliar *OUGHT* (to) se emplea con todos los sujetos o pronombres personales. Como es un auxiliar *defectivo no* lleva *S* en lo referente a las terceras personas *he, she, it.* Ejemplos:

*John ought to read good books* (Juan debiera leer buenos libros)

*Mary ought NOT to study late at night* (María no debiera estudiar tarde en la noche)

Observe aquí en la forma interrogativa la posición de *OUGHT* así como la de TO. Note que *ought* se antepone a los sujetos.

| OUGHT | John | to practice | base-ball? |
| OUGHT | you | to work | over-time? |
| OUGHT | Mary | to go | to New York? |
| OUGHT | they | to travel | during the winter? |

## COMENTARIOS

Aunque los auxiliares *MUST, SHOULD* y *OUGHT* (TO) expresan *deber*, nótese que los tres implican diferentes significados.

Para mejor comprensión del correcto uso de ellos, compárense las tres gráficas y construya oraciones empleando estos tres auxiliares en el afirmativo, negativo e interrogativo.

## Práctica

Llene los espacios en blanco con *MUST, SHOULD* O *OUGHT TO* según convenga al caso.

1. You _____ to buy that book. It's very interesting.

2. Henry _____ finish that report today.

3. We _____ defend our country in case of war.

4. You _____ learn to drive.

5. Susan _____ save money.

6. You _____ not to eat pork.

7. I _____ to practice sports.

8. They _____ marry young.

9. We _____ love our parents.

10. We _____ not steal money.

11. He _____ improve his English.

12. You _____ not buy those things.

13. Robert _____ not smoke because he's too young.

14. You _____ to see that picture. It's interesting.

15. Susan _____ not drink coffee at night.

# PARTES DEL CUERPO HUMANO
# VOCABULARIO CON FONÉTICA

## PARTS OF THE BODY

| | | |
|---|---|---|
| Body | (bódi) | = cuerpo |
| head | (jed) | = cabeza |
| face | (féis) | = cara |
| arms | (arms) | = brazos |
| hands | (jands) | = manos |
| legs | (legs) | = piernas |
| foot | (fut) | = pie |
| feet | (fiit) | = pies |
| hair | (jéer) | = pelo, cabello |
| ears | (íirs) | = oídos |
| eyes | (áis) | = ojos |
| nose | (nóus) | = nariz |
| mouth | (máuz) | = boca |
| tooth | (tuz) | = diente |
| teeth | (tiz) | = dientes |
| forehead | (fóred) | = frente |
| eye-lids | (ai-lids) | = párpados |
| eye-lashes | (ai-láshes) | = pestañas |
| eye-brows | (ai-bráus) | = cejas |
| temples | (témpols) | = sienes |
| cheeks | (chiics) | = mejillas |
| cheek-bone | (chiic-boun) | = pómulo |
| jaws | (yos) | = quijadas |
| chin | (chin) | = mentón, barbilla |
| neck | (nec) | = cuello |
| back | (bac) | = espalda |
| chest | (chest) | = pecho |
| shoulder | (shúlder) | = hombro |
| elbow | (élbou) | = codo |
| wrist | (rist) | = muñeca |
| finger | (fínguer) | = dedo de la mano |
| finger-nails | (néils) | = uñas de la mano |
| finger-tips | (tips) | = yemas de los dedos |
| toe(s) | (tóu(s) | = dedo(s) de los pies |
| toe-nails | (tu-néils) | = uñas de los dedos de los pies |
| waist | (uéist) | = cintura |

## DESCRIBING THE USE OF SOME PARTS
## OF THE BODY  *Reading*

—What are the eyes for?
—The eyes are to see. We can also use our eyes to read.
—What are the ears for?
—The ears are to hear. We can also use our ears to listen to the music, etc.
—What is the mouth for?
—The mouth is to speak. We can also use our mouth to eat and to sing.
—What is the nose for?
—The nose is to breathe. We can also use our nose to smell.
—What are the hands for?
—The hands are to hold things. We can also use our hands to write, to work and to play.
—What are the feet and legs for?
—The feet and legs are to walk, to run and to jump. We can also use our feet and legs to dance and to kick a ball.

## NEW WORDS AND EXPRESSIONS

| | | |
|---|---|---|
| What is this for? | = | ¿Para qué es esto? |
| The eyes are to see | = | Los ojos son para ver |
| to use (tu iús) | = | emplear, utilizar |
| to breathe (briid) | = | respirar |
| to smell (smél) | = | oler |
| to hold (jóul) | = | sostener, sujetar |
| to kick (kic) | = | patear, dar puntapiés |

## DESCRIBING THE HUMAN BODY
### *Reading*

The human body is divided into head, trunk and limbs. There is hair on the head. The ears are on the head too. The head comprises also the face where we have the eyes, the nose and the mouth.
There are two rows of teeth in the mouth, the upper one and the lower one. There is also the tongue.
The trunk comprises the chest, the belly and the back. The neck joins the head with the trunk.
There are two types of limbs in the human body: the upper limbs which comprise the arms and hands and the lower limbs which are the legs and feet.

129

# NEW WORDS AND EXPRESSIONS

| | | |
|---|---|---|
| Human | (jiúman) | = humano |
| is divided into | (diváided íntou) | = se divide en |
| trunk | (tronc) | = tronco |
| limbs | (limbs) | = miembros, extremidades |
| to comprise | (tu compráis) | = comprender, abarcar |
| it comprises | (it compráises) | = ello comprende |
| row | (ro) | = hilera, fila |
| two rows of teeth | | = dos hileras de dientes |
| upper | (óper) | = superior |
| the upper one | | = la de arriba |
| lower | (lóer) | = inferior |
| the lower one | | = la de abajo |
| to join | (tu yóin) | = unir |
| joint | (yóint) | = articulación |
| type | (táip) | = tipo, clase categoría |
| belly | (beli) | = barriga, estómago |
| hips | (jips) | = caderas |
| knee | (nii) | = rodilla |
| calf | (caf) | = pantorrilla |
| ankle | (ánkol) | = tobillo |

## THE FIVE SENSES
### *(Los cinco sentidos)*

| | | |
|---|---|---|
| The sight | (sait) | = la vista |
| the hearing | (jíirring) | = el oído |
| the touch | (toch) | = el tacto |
| the smell | (smel) | = el olfato |
| the taste | (téist) | = el gusto |

## EJERCICIOS

Escoja la palabra adecuada de las que están entre paréntesis y llene los espacios en blanco.

(eyes, hair, teeth)     We have _____ on our head.

(mouth, nose, eyes)     We can see with our _____ .

(toes, fingers, elbows)     Each hand has five _____ .

(legs, hands, shoulders)     We walk with our _____ .

| (cheek-bone, forehead, eye-lashes) | The _____ protect our eyes from the sun, the bright light and many other things. |
| (tongue, mouth, lips) | The teeth are in the _____ . |
| (feet, ears, tongue) | We use our _____ to speak and also to taste the food. |
| neek, hands, back) | We touch things with our _____ . |
| (hair, head, fingers) | We use our _____ to play the guitar, the piano and some other musical instruments. |
| (chest, mouth, nose) | We breathe through our _____ and we can use it also to smell things. |
| (fingers, toes, shoulders) | Each foot has five _____ . |
| (wrist, toe-nails, fingers-nails) | The _____ protect our fingers and the _____ protect our toes. |

## DESCRIBING A HOUSE
### Reading

—How many rooms are there in your house?
—There are twelve rooms including, of course, the servant's room, the living room, the dining-room, the kitchen and two bathrooms.
—Does it include the garage, too?
—No, I didn't count the garage.
—How many stories does your house have?
—My house has two stories.
—Does it have a garden in front?
—No, it doesn't, but it has a porch instead.
—Does it have a back-yard?
—Yes, it does.
—Is it large or small?
—It's a large one and there are several trees and flowers growing there.
—Where are the bedrooms?
—The bedrooms are upstairs on the second floor.
—How many bedrooms are there?
—There are four bedrooms.
—Where are the bathrooms?
—The small one is down-stairs on the main floor, by the end of the hall. The larger bathroom is upstairs.

131

—Where's the living-room located?
—It's on the main floor near the entrance
—What else is there on the main floor?
—On the main floor there are the hall, the dining-room, the kitchen, the breakfast, the small bathroom and, of course, the garage.
—How long is the hall?
—It is long enough.
—Where's the servants room?
—It's over the roof. It has also a shower and a toilet. They are separated from that room, and they are situated at one end of the roof.
—How many windows or balconies are there in your house?
—There are three big windows down-stairs, each one overlooking the street. There are five windows upstairs. They are also overlooking the street
—How big is the back-yard?
—It is as big as the area occupied by the house itself.
—How many stair-ways are there?
—There is one inside and another one outside, connecting the back-yard with the roof.
—Is your house located at a corner?
—Yes, it is.

## PARTES DE LA CASA Y MOBILIARIO

## VOCABULARIO CON FONÉTICA

### PARTS OF THE HOUSE

| | | | |
|---|---|---|---|
| Porch | (porch) | = | terraza |
| living room | (líving rum) | = | sala |
| dining room | (dáining rum) | = | comedor |
| kitchen | (kítchen) | = | cocina |
| breakfast | (brécfast) | = | desayunador |
| back-yard | (bac yard) | = | patio trasero |
| bedrooms | (bed-rums) | = | dormitorios |
| bathroom | (baz-rum) | = | cuarto de baño |
| attic | (átic) | = | ático, desván |
| basement | (béisment) | = | sótano, cuarto bajo |
| cellar | (sélar) | = | sótano, bodega |
| door | (dor) | = | puerta |
| window | (uíndou) | = | ventana |
| floor | (flor) | = | piso |

| wall | (uól) | = pared |
| roof | (ruf) | = tejado, azotea |
| ceiling | (síling) | = techo interior, cielo raso |

## FURNITURE AND OTHER THINGS

| Furniture | (férnichur) | = muebles, mobiliario |
| bed | (bed) | = cama |
| wardrobe | (uárdrob) | = ropero |
| locker | (lóker) | = ropero |
| dressing-table | (drésing téibol) | = tocador, coqueta |
| mirror | (mírror) | = espejo |
| closet | (clóset) | = ropero empotrado |
| table | (téibol) | = mesa |
| chair | (chéer) | = silla |
| easy-chair | (ísi-chéer) | = sillón, butaca |
| arm-chair | (arm-chéer) | = sillón de brazos |
| rocking-chair | (róking) | = silla mecedora, balance |
| sofa | (sóufa) | – sofá |
| bed-cloth | (bed-cloz) | = colcha, cobertor |
| table-cloth | (téibol-cloz) | = mantel |
| curtains | (kértens) | = cortinas |
| rug | (rog) | = alfombra |

## NEW WORDS AND EXPRESSIONS

| Including | (inclúding) | = incluyendo |
| servants' room | | = cuarto de criados |
| to count | (tu cáunt) | = contar, tomar en cuenta |
| story | (stóri) | = piso |
| stories | (stóris) | = pisos |
| in front | | = enfrente |
| behind | (bijáind) | = atrás |
| instead | (instéd) | = en lugar de |
| flowers | (fláuers) | = flores |
| growing | (gróuing) | = creciendo |
| upstairs | (opsters) | = arriba |
| down-stairs | (dáun-sters) | = abajo |
| main floor | (méin-flor) | = planta baja |
| by the end of the hall | | = al extremo del pasillo |
| Where's the living-room located? | | = ¿dónde está situada la sala? |
| entrance | (éntrans) | = entrada |

133

| | | | |
|---|---|---|---|
| How long? | | = | ¿Qué tan largo? o ¿cuánto tiempo? |
| long enough | (long inóf) | = | suficientemente largo |
| toilet | (tóilet) | = | inodoro, servicio sanitario |
| balcony | (bálconi) | = | balcón |
| balconies | (bálconis) | = | balcones |
| overlooking | (overluking) | = | dominando, que da a |
| How big? | | = | ¿qué tan grande? |
| It is as big as... | | = | Es tan grande como.... |
| area | (érea) | = | área |
| occupied | (ókiupaid) | = | ocupada(do) |
| the house itself | | = | la casa misma |
| stair-way | (ster-uei) | = | escalera |
| connecting | (conécting) | = | conectando, comunicando, que comunica |
| high | (jái) | = | alto (de dimensión o tono en el sonido) |
| low | (lóu) | = | bajo ( de dimensión o tono en el sonido) |
| loud | (láud) | = | alto (fuerte en sonido) |
| stout | (stáut) | = | grueso |
| thick | (zic) | = | espeso, grueso |
| wide | (uáid) | = | ancho, amplio |
| narrow | (nárrow) | = | angosto, estrecho |
| long | (long) | = | largo |

## TEMPERATURAS

| | | | |
|---|---|---|---|
| cold | (kóuld) | = | frío |
| cool | (kul) | = | fresco |
| luke-warm | (luc-uorm) | = | tibio |
| warm | (uorm) | = | caliente (agradablemente caliente) |
| hot | (jot) | = | caluroso (calor intenso) |

## OTROS ESTADOS DE TIEMPO

| | | | |
|---|---|---|---|
| cloudy | (cláudi) | = | nublado |
| windy | (uíndi) | = | ventoso, con aire |
| rainy | (reini) | = | lluvioso |
| snowy | (snóui) | = | nevado, con nieve |
| sunny | (sóni) | = | soleado, con sol |
| damp | (damp) | = | húmedo |

134

## GRADO DEL ADJETIVO

Abordemos primeramente los adjetivos largos, o sean, los que constan de dos o más sílabas como:

| | |
|---|---|
| IMPORTANT | (importante) |
| INTERESTING | (interesante) |
| INTELLIGENT | (inteligente) |
| USEFUL | (útil) |

Tomemos ahora uno de ellos para ilustrar sus tres grados, ya que los demás siguen el mismo patrón.

| | | | |
|---|---|---|---|
| Grado Positivo: | | USEFUL | (útil) |
| Grado Comparativo: | more | USEFUL than | (más útil que) |
| Grado Superlativo: | the most | USEFUL of | (el más útil de) |

Veamos lo anterior expuesto esquemáticamente.

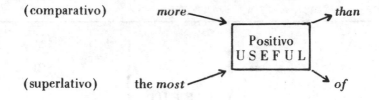

135

# EL GRADO COMPARATIVO
## Y SUS DISTINTAS FORMAS

El comparativo tiene tres variantes, a saber: *comparativo de igualdad, comparativo de superioridad* y *comparativo de inferioridad.*

### Comparativo de Igualdad

| | | | | | |
|---|---|---|---|---|---|
| af.) | | *as* | U S E F U L | *as* | (tan útil como) |
| neg) | not | *as* | U S E F U L | *as* | (no tan útil como) |

### Comparativo de Superioridad

*more*   U S E F U L   *than*   (más útil que)

### Comparativo de Inferioridad

*less*   U S E F U L   *than*   (menos útil que)

Observemos lo anterior expuesto en forma esquemáticamente digerida.

| | | | | | |
|---|---|---|---|---|---|
| (1) | | *as* | | *as* | (1) |
| (2) | not | *as* | | *as* | (2) |
| | | | U S E F U L | | |
| (3) | | *more* | | *than* | (3) |
| (4) | | *less* | | *than* | (4) |

# REGLA APLICABLE A LOS ADJETIVOS CORTOS

Denomínanse aquí adjetivos cortos los que constan de una sola sílaba, como *tall, short, quick,* etc.; o bien aquellos de dos sílabas terminados en *y, w* y *de,* como *easy,* narro*w* y wi*de,* etc.

Fórmase el Comparativo de esta clasificación añadiendo *ER* al Positivo, por ejemplo:

| | |
|---|---|
| tall*ER* | (más alto) |
| short*ER* | (más corto) |
| quick*ER* | (más rápido) |
| easi*ER* | (más fácil) |
| narrow*ER* | (más angosto) |
| wid*ER* | (más ancho), etc. |

Para el Superlativo se añade al Positivo las letras *EST,* por ejemplo:

| | |
|---|---|
| the tall*EST* | (el más alto) |
| the short*EST* | (el más corto) |
| the quick*EST* | (el más rápido) |
| the easi*EST* | (el más fácil) |
| the narrow*EST* | (el más angosto) |
| the wid*EST* | (el más ancho), etc. |

Tenemos ahora uno de los adjetivos arriba expuestos, a fin de suministrar ejemplos ilustrativos de cada uno de sus grados.

Positivo: the horse is *quick*
(El caballo es rápido)

Comparativo: The train is *quick*ER *than* the horse
(El tren es más rápido que el caballo)

Superlativo: But the airplane is *the quick*EST *of* the three
(Pero el avión es el más rápido de los tres)

Observemos en el siguiente esquema la explicación gráfica y condensada de lo anterior.

```
    Positivo
 1)        old  ⎫
 2)      young  ⎪
 3)        new  ⎪
 4)       fast  ⎪
 5)     strong   E R    than    (Comparativo)
 6)       weak  ⎪
 7)       long  ⎬
 8)      small   E S T  of      (Superlativo)
 9)       rich  ⎪
10)       poor  ⎪
11)      clean  ⎪
12)       hard  ⎪
13)       soft  ⎪
14)       cold  ⎭
```

| | | | | |
|---|---|---|---|---|
| 1) | viejo | más viejo | que | el más viejo | de |
| 2) | joven | más joven | que | el más joven | de |
| 3) | nuevo | más nuevo | que | el más nuevo | de |
| 4) | rápido | más rápido | que | el más rápido | de |
| 5) | fuerte | más fuerte | que | el más fuerte | de |
| 6) | débil | más débil | que | el más débil | de |
| 7) | largo | más largo | que | el más largo | de |
| 8) | pequeño | más pequeño | que | el más pequeño | de |
| 9) | rico | más rico | que | el más rico | de |
| 10) | pobre | más pobre | que | el más pobre | de |
| 11) | limpio | más limpio | que | el más limpio | de |
| 12) | duro | más duro | que | el más duro | de |
| 13 | suave | más suave | que | el más suave | de |
| 14 | frío | más frío | que | el más frío | de |

Tanto en el Comparativo como en el Superlativo los adjetivos terminados en *y*, como *easy* (fácil), *pretty* (bonito), *dirty* (sucio), etc. cambian dicha consonante por la vocal *i:*

```
easy    —    easier    —    easiest
pretty  —    prettier  —    prettiest
dirty   —    dirtier   —    dirtiest
```

También otros adjetivos como *big* (grande), *fat* (gordo), *thin* (delgado), *hot* (caliente), duplican la consonante final en el Comparativo y Superlativo:

```
big   —    bigger   —    biggest
fat   —    fatter   —    fattest
thin  —    thinner  —    thinnest
hot   —    hotter   —    hottest
```

## EL GRADO COMPARATIVO DE LOS ADJETIVOS CORTOS Y SUS DISTINTAS FORMAS

Veamos las tres formas del grado Comparativo en este tipo de adjetivos.

### Comparativo de Igualdad

Af.)    *AS*  tall  *AS*   (tan alto como)

Neg)  *not AS*  tall  *AS*   (no tan alto como)

### Comparativo de Superioridad

tallER    *than*    (más alto que)

### Comparativo de Inferioridad

LESS   tall   *than*   (menos alto que)

139

# SUPERLATIVO DE SUPERIORIDAD E INFERIORIDAD

La palabra LEAST colocada delante de un adjetivo en grado Positivo
origina el Superlativo de Inferioridad, tanto en los adjetivos cortos
como largos:

the LEAST comfortable of all houses   (La menos cómoda de todas las casas)

the LEAST     old     of all churches   (La menos vieja de todas
las iglesias)

Advierta que el artículo the siempre se antepone a la palabra least.

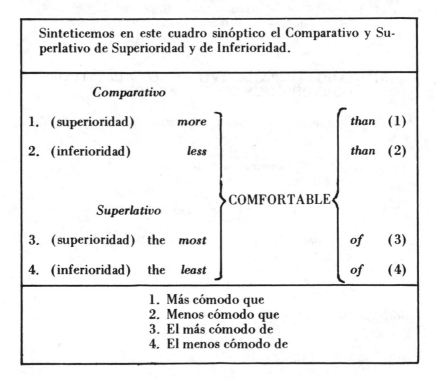

Sinteticemos en este cuadro sinóptico el Comparativo y Superlativo de Superioridad y de Inferioridad.

Comparativo

1. (superioridad)    more      than  (1)

2. (inferioridad)    less      than  (2)

COMFORTABLE

Superlativo

3. (superioridad) the most      of  (3)

4. (inferioridad) the least      of  (4)

1. Más cómodo que
2. Menos cómodo que
3. El más cómodo de
4. El menos cómodo de

# ADJETIVOS IRREGULARES EN CUANTO A LA FORMACIÓN DE SU COMPARATIVO Y SUPERLATIVO

Los adjetivos *good* (bueno), *bad* (malo), *much* (mucho), *many* (muchos), *little* (poco) y *few* (pocos) se apartan totalmente del patrón que siguen los demás para formar su Comparativo y Superlativo, toda vez que poseen una forma especial e independiente en cada uno de sus grados.

## CUADRO COMPARATIVO DE LAS TRES CLASES DE ADJETIVOS

Compáranse a continuación los adjetivos que presentan dicha irregularidad con los adjetivos largos y cortos.

| Positivo | Comparativo | | Superlativo | | |
|---|---|---|---|---|---|
| GOOD | BETTER | than | the | BEST | (of) |
| BAD | WORSE | than | the | WORST | (of) |
| | | | | | |
| MUCH | MORE | than | the | MOST | (of) |
| MANY | MORE | than | the | MOST | (of) |
| | | | | | |
| LITTLE | LESS | than | the | LEAST | (of) |
| FEW | FEWER | than | the | FEWEST | (of) |
| | | | | | |
| important | more important | than | the most | important | (of) |
| difficult | more difficult | than | the most | difficult | (of) |
| complicated | more complicated | than | the most | complicated | (of) |
| | | | | | |
| new | newER | than | the | newEST | (of) |
| old | oldER | than | the | oldEST | (of) |
| young | youngER | than | the | youngEST | (of) |
| late | latER | than | the | latEST | (of) |

Observe la formación de los distintos grados del adjetivo, tanto los largos como los cortos. Lea en voz alta las oraciones de ambas gráficas y después construya otras nuevas oraciones sustituyendo *comfortable* por *modern* en la primera ilustración. En la segunda gráfica reemplace *young* por *short* y *old* por *tall*.

| | | | | |
|---|---|---|---|---|
| My house is | | COMFORTABLE | | |
| Your house is | *more* | COMFORTABLE | *than* | mine |
| His house is | the *most* | COMFORTABLE | *of* | the three |
| | | | | |
| Her house | is *less* | COMFORTABLE | *than* | ours |
| Their house is | the *least* | COMFORTABLE | *of* | all |

### Traducción

Mi casa es cómoda
Tu casa es más cómoda que la mía
La casa de él es la más cómoda de las tres

La casa de ella es menos cómoda que la nuestra
La casa de ellos es la menos cómoda de todas

| | | | | |
|---|---|---|---|---|
| I am | | YOUNG | | |
| My brother is | | YOUNGER | *than* | I |
| My sister is | *the* | YOUNGEST | *of* | the family |
| | | | | |
| I am | *less* | YOUNG | *than* | my brother |
| My father is | *the least* | YOUNG | *of* | all the family |
| | | | | |
| I am | | OLDER | *than* | my brother |
| My father is | *the* | OLDEST | *of* | the three |

### Traducción

Yo soy joven
Mi hermano es menor que yo
Mi hermana es la menor de mi familia

Yo soy menos joven que mi hermano
Mi padre es el menos joven de toda la familia

Yo soy mayor que mi hermano
Mi padre es el mayor de los tres

Observe gráficamente la formación del comparativo de igualdad, así como su forma negativa. Lea los siguientes ejemplos ilustrativos en voz alta.

| | | | | |
|---|---|---|---|---|
| Our house is | | *AS* | *comfortable* | *AS* | yours |
| Their house is | *not* | *AS* | *comfortable* | *AS* | hers |
| | | | | | |
| Frank is | | *AS* | *old* | *AS* | I am |
| She is | *not* | *AS* | *old* | *AS* | you are |

**Traducción**

Mi casa es tan cómoda como la tuya
La casa de ellos no es tan cómoda como la de ella

Francisco tiene la misma edad que yo
Ella tiene menos edad que tú

## EJERCICIOS

I. Sustituya de la gráfica el adjetivo *comfortable* por *expensive* (caro) y *old* por *strong*.

II. Haga que alguien le dicte en español las oraciones de estas tres últimas gráficas para que Ud. las traduzca por escrito al inglés. Después rectifíquelas guiándose por su libro.

Observe gráficamente la formación de los grados Positivo, Comparativo y Superlativo en los adjetivos irregulares como *good* y *bad*.
Lea en voz alta cada una de las oraciones que ilustran las tres gráficas siguientes:

My pronunciation is        *GOOD*
Your pronunciation is       *BETTER*   *than*   mine
The teacher's pronunciation is *the* *BEST*       *of*      the three

Mi pronunciación es buena
La pronunciación de Ud. es mejor que la mía
La pronunciación del maestro es la mejor de las tres

John   is   a   *BAD*          student
Henry  is       *WORSE*  *than*  John
Paul   is   *the* *WORST*  *of*   all students

Juan es un mal estudiante
Enrique es peor que Juan
Pablo es el peor de todos los estudiantes

His pronunciation is      *AS*       good   *AS* hers
Frank's pronunciation is *not* *AS*       good   *AS* Helen's

Your brother is      *AS* *bad* a student *AS* you
Your sister is *not* *AS* *bad* a student *AS* your brother

La pronunciación de él es tan buena como la de ella
La pronunciación de Francisco no es tan buena como la de Elena

Tu hermano es tan mal estudiante como tú
Tu hermana no es tan mal estudiante como tu hermano

## EJERCICIOS

Haga que alguien le dicte en español las oraciones de estas tres gráficas para que Ud. las traduzca por escrito al inglés. Después rectifíquelas guiándose por su libro.

## Práctica

Traduzca al inglés las siguientes oraciones:

1. Mi hermano es más alto que yo
2. La casa de Juan es más grande que la casa de Pedro
3. Éste es el edificio más alto de la ciudad
4. Ricardo es tan alto como Roberto
5. Jorge es el más alto de todos mis amigos
6. Yo soy menos alto que Enrique
7. Enrique es mayor que yo
8. María es menor que su hermana
9. Mi padre es el mayor de toda mi familia
10. Mi padre es más fuerte que yo
11. Tu auto es tan nuevo como el mío
12. Mi casa es tan vieja como la tuya
13. La casa de Juan es menos vieja que la mía
14. Esta iglesia es la menos vieja de la ciudad
15. Carlos es más inteligente que Jorge
16. Jorge es menos inteligente que Carlos
17. Carlos es tan inteligente como Juan
18. Enrique es el más inteligente de todos
19. Jorge es el menos inteligente de todos
20. Esta casa es más cómoda que la mía
21. La casa de Roberto es tan cómoda como la de Enrique
22. Mi casa es menos cómoda que la tuya
23. La casa de mi tío es la más cómoda de todas
24. El idioma alemán es más difícil que el inglés
25. El idioma árabe es el más difícil de los tres
26. El idioma italiano es el menos difícil de los cuatro

# FORMACIÓN DE LOS ADVERBIOS

Adviértase cómo la terminación *LY* añadida al final de algunos adjetivos, los convierte en *adverbios*.
Note además que *LY* equivale en español a *mente*.

|  |  |  |
|---|---|---|
| quick | *LY* | |
| *more* quick | *LY* | *than* |
| the *most* quick | *LY* | |
| slow | *LY* | |
| *more* slow | *LY* | *than* |
| the *most* slow | *LY* | |
| eas*i* | *LY* | |
| *more* eas*i* | *LY* | *than* |
| the *most* eas*i* | *LY* | |
| perfect | *LY* | |
| *more* perfect | *LY* | *than* |
| the *most* perfect | *LY* | |
| exact | *LY* | |
| *more* exact | *LY* | *than* |
| the *most* exact | *LY* | |

## COMENTARIOS

Al grado comparativo y superlativo de los adverbios, se les da el mismo tratamiento, bien sea si éstos provienen de adjetivos cortos o largos. Ejemplos:

| | |
|---|---|
| *more* quickly *than* | (más rápidamente que) |
| the *most* quickly | (lo más rápidamente) |
| *more* exactly *than* | (mas exactamente que) |
| the *most* exactly | (lo más exactamente) |

# NÚMEROS CARDINALES
## Y LA FORMACIÓN DE LOS ORDINALES

| | *Cardinales* | | | *Ordinales* | |
|---|---|---|---|---|---|
| 1 | one | (uán) | 1st | first | (ferst) |
| 2 | two | (tu) | 2nd | second | (sécond) |
| 3 | three | (zri) | 3rd | third | (zerd) |
| 4 | four | (for) | 4th | fourth | (forz) |
| 5 | five | (fáiv) | 5th | fifth | (fifz) |
| 6 | six | (six) | 6th | sixth | (sixz) |
| 7 | seven | (séven) | 7th | seventh | (sevenz) |
| 8 | eight | (eit) | 8th | eighth | (eitz) |
| 9 | nine | (náin) | 9th | ninth | (náinz) |
| 10 | ten | (ten) | 10th | tenth | (tenz) |
| 11 | eleven | (iléven) | 11th | eleventh | (ilévenz) |
| 12 | twelve | (tuélv) | 12th | twelfth | (tuélfz) |
| 13 | thirteen | (zertín) | 13th | thirteenth | (zertínz) |
| 14 | fourteen | (fortín) | 14th | fourteenth | (fortínz) |
| 15 | fifteen | (fiftín) | 15th | fifteenth | (fiftínz) |
| 16 | sixteen | (sixtín) | 16th | sixteenth | (sixtínz) |
| 17 | seventeen | (seventín) | 17th | seventeenth | (seventínz) |
| 18 | eighteen | (eitín) | 18th | eighteenth | (eitínz) |
| 19 | nineteen | (naintín) | 19th | nineteenth | (naintínz) |
| 20 | twenty | (tuénti) | 20th | twentieth | (tuéntiez) |
| 21 | twenty-one | | 21st | twenty-first | |
| 22 | twenty-two | | 22nd | twenty-second | |
| 23 | twenty-three | | 23rd | twenty-third | |
| 24 | twenty-four | | 24th | twenty-fourth | |
| 25 | twenty-five | | 25th | twenty-fifth | |
| 26 | twenty-six | | 26th | twenty-sixth | |
| 30 | thirty | (zérti) | 30th | thirtieth | (zértiez) |
| 40 | forty | (fórti) | 40th | fortieth | (fórtiez) |
| 50 | fifty | (fífti) | 50th | fiftieth | (fíftiez) |
| 60 | sixty | (síxti) | 60th | sixtieth | (síxtiez) |
| 70 | seventy | (séventi) | 70th | seventieth | (séventiez) |
| 80 | eighty | (éiti) | 80th | eightieth | (éitiez) |
| 90 | ninety | (náinti) | 90th | ninetieth | (náintiez) |
| 100 | one hundred (uán jóndred) | | 100th | one hundredth (jóndredz) | |
| 101 | one hundred and one | | 101st | one hundred and first | |
| 102 | one hundred and two | | 102nd | one hundred and second | |
| 103 | one hundred and three | | 103rd | one hundred and third | |

|       | *Cardinales*              |               | *Ordinales*               |
|------:|---------------------------|--------------:|---------------------------|
|   200 | two hundred               |         200th | two hundredth             |
|   300 | three hundred             |         300th | three hundredth           |
|   400 | four hundred              |         400th | four hundredth            |
|   500 | five hundred              |         500th | five hundredth            |
|   600 | six hundred               |         600th | six hundredth             |
|   700 | seven hundred             |         700th | seven hundredth           |
|   800 | eight hundred             |         800th | eight hundredth           |
|   900 | nine hundred              |         900th | nine hundredth            |
| 1,000 | one thousand (záusand)    |       1,000th | one thousandth (záusandz) |
| 2,000 | two thousand              |       2,000th | two thousandth            |
| 1.000,000 | one million (mílion)  |   1.000,000th | one millionth (mílionz)   |
| 2.000,000 | two million           |   2.000,000th | two millionth             |

## EMPLEO DE LOS VERBOS AUXILIARES *HAVE* Y *HAS*
## PARA CONSTRUIR EL *ANTEPRESENTE*
## (PRESENT PERFECT)

Observe el empleo de los auxiliares *HAVE* y *HAS* para expresar lo equivalente en español a *he, ha, hemos, han.* Advierta asimismo que *HAS* se utiliza únicamente con las terceras personas del singular *he, she, it* y *HAVE* con los demás sujetos. En el afirmativo la forma verbal que les sigue a ambos auxiliares es el participio pasado: *spoken* (hablado), *eaten* (comido), *written* (escrito). Ejemplos: *I have spoken* (yo he hablado), *he has written* (él ha escrito).
En el interrogativo *HAVE* y *HAS* se anteponen a los pronombres personales o sujetos.

| I | *HAVE* | SPOKEN | to *him* |
|---|--------|--------|----------|
| You | *HAVE* | EATEN | fish |
| He | *HAS* | WRITTEN | a letter |
| She | *HAS* | READ | the news |
| They | *HAVE* | DRIVEN | a truck |

| *HAVE* | I | SPOKEN | to *him?* |
|--------|---|--------|-----------|
| *HAVE* | you | EATEN | fish? |
| *HAS* | he | WRITTEN | a letter? |
| *HAS* | she | READ | the news? |
| *HAVE* | they | DRIVEN | a truck? |

### COMENTARIOS

También aquí pueden emplearse las siguientes contracciones: I'*VE*, you'*VE*, He'*S*, she'*S*, it'*S*, we'*VE*, you'*VE*, they'*VE*. Ejemplos: I'*VE SPOKEN* = he hablado, she'*S* swept = ella ha barrido.

Observe ahora en el negativo la partícula NOT inmediatamente después de *HAVE* y *HAS.*

| I | *have* | NOT | SPOKEN | to *him* | yet |
|---|--------|-----|--------|----------|-----|
| You | *have* | NOT | EATEN | fish | this week |
| He | *has* | NOT | WRITTEN | that letter | yet |
| It | *has* | NOT | RAIN*ED* | today | |
| They | *have* | NOT | DRIVEN | a truck | yet |

### COMENTARIOS

También puede sustituirse la partícula NOT por la palabra NEVER (nunca). Asimismo se pueden utilizar las siguientes contracciones negativas: I *HAVE*N'T, you *HAVE*N'T, she *HAS*N'T, etc. Ejemplo:
It *HAS*N'T rain*ed* today (no ha llovido hoy).

Observe las formas contraídas del afirmativo.

| | | | | | | | |
|---|---|---|---|---|---|---|---|
| I'*VE* | (áiv) | = | I *have* | He'*S* | (jis) | = | He *has* |
| You'*VE* | (iúv) | = | You *have* | She'*S* | (shis) | = | She *has* |
| We'*VE* | (úiv) | = | We *have* | It'*S* | (its) | = | It *has* |
| They'*VE* | (déiv) | = | They *have* | | | | |

Ahora veámoslas con diferentes participios en estos ejemplos ilustrativos.

| | | |
|---|---|---|
| I'*ve* | worked | (he trabajado) |
| You'*ve* | traveled | (Ud. ha viajado) |
| We'*ve* | talked | (hemos platicado) |
| They'*ve* | finished | (ellos han terminado) |

| | | |
|---|---|---|
| He'*s* | gone | (él se ha ido) |
| She'*s* | wrıtten | (ella ha escrito) |
| It'*s* | rained | (ha llovido) |

La partícula NOT después del auxiliar *(have* o *has)* constituye la forma negativa del Antepresente y cuyas contracciónes son *HA-VEN'T (have* not) o *HASN'T (has* not), ejemplos:

| | | | |
|---|---|---|---|
| I | *HAVEN'T* | eaten | = No he comido |
| He | *HASN'T* | written | = Él no ha escrito |

En el interrogativo el auxiliar *(have* o *has)* se *antepone* al sujeto o pronombre personal:

| | | | | |
|---|---|---|---|---|
| *HAVE* | you | eaten? | = | ¿Ha comido Ud? |
| *Has* | he | written? | = | ¿Ha escrito él? |

Las palabras interrogativas *what, where, how much,* etc., preceden a su vez, al auxiliar:

| | | | | | |
|---|---|---|---|---|---|
| *What* | *HAVE* | you | eaten? | = | ¿Qué ha comido Ud? |
| *What* | *HAS* | she | written? | = | ¿Qué ha escrito ella? |

| | | | | | |
|---|---|---|---|---|---|
| *Where* | *HAVE* | they | gone? | = | ¿Dónde han ido ellos? |
| *How much* | *HAS* | she | bought? | = | ¿Cuánto ha comprado ella? |

Observe la posición de NEVER, ALWAYS, etc. y la forma contraída I *ve* (I *have*).

| I'*ve* | NEVER | *eaten* | caviar |
|--------|-----------|---------|------------|
| I'*ve* | ALWAYS | *eaten* | potatoes |
| I'*ve* | SELDOM | *eaten* | oysters |
| I'*ve* | OFTEN | *eaten* | beef-steak |
| I'*ve* | SOMETIMES | *eaten* | chicken |
| I'*ve* | HARDLY | *eaten* | mushrooms |

## Traducción

Yo *nunca* he comido caviar
Yo *siempre* he comido papas
Yo *rara vez* he comido ostiones
Yo *a menudo* he comido bistec
Yo *algunas veces* he comido pollo
Yo *apenas* he comido hongos.

Lea este cuadro oralmente.

# VERBOS IRREGULARES EN INGLES

Observe los diferentes grupos verbales mnemotécnicamente clasificados.

CLASE 1. Con idénticas formas en el pasado y participio pasado.

| *INFINITIVE* | *PAST* *(third person singular)* | *PAST* *PARTICIPLE* |
|---|---|---|
| INFINITIVO | PASADO | PARTICIPIO PASADO |
| To buy | *bought* | *bought* |
| comprar | compró | comprado |
| to bring | *brought* | *brought* |
| traer | trajo | traído |
| to think | *thought* | *thought* |
| pensar | pensó | pensado |
| to seek | *sought* | *sought* |
| buscar | buscó | buscado |
| to fight | *fought* | *fought* |
| pelear | peleó | peleado |
| to catch | *caught* | *caught* |
| coger | cogió | cogido |
| to teach | *taught* | *taught* |
| enseñar | enseñó | enseñado |
| To sleep | slept | slept |
| dormir | durmió | dormido |
| to keep | kept | kept |
| guardar | guardó | guardado |
| to sweep | swept | swept |
| barrer | barrió | barrido |

| INFINITIVE | PAST (third person singular) | PAST PARTICIPLE |
|---|---|---|
| INFINITIVO | PASADO | PARTICIPIO PASADO |
| to feel | felt | felt |
| sentir | sintió | sentido |
| to leave | left | left |
| dejar, salir | dejó, salió | dejado, salido |
| to meet | met | met |
| encontrar, conocer | encontró, conoció | encontrado, conocido |
| To swing | swung | swung |
| mecer | meció | mecido |
| to stick | stuck | stuck |
| clavar, pegar | clavó, pegó | clavado, pegado |
| to strike | struck | struck |
| golpear | golpeó | golpeado |
| to hang | hung | hung |
| colgar | colgó | colgado |
| To spend | spent | spent |
| gastar | gastó | gastado |
| to send | sent | sent |
| enviar, mandar | envió, mandó | enviado, mandado |
| to build | built | built |
| construir | construyó | construido |
| to bend | bent | bent |
| doblar, encorvar | dobló, encorvó | doblado, encorvado |
| to lend | lent | lent |
| prestar | prestó | prestado |
| To bleed | bled | bled |
| sangrar | sangró | sangrado |

153

| INFINITIVE | PAST (third person singular) | PAST PARTICIPLE |
|---|---|---|
| INFINITIVO | PASADO | PARTICIPIO PASADO |
| to feed alimentar | fed alimentó | fed alimentado |
| to speed acelerar | sped aceleró | sped acelerado |
| to lead conducir, dirigir | led condujo, dirigió | led conducido, dirigido |
| to find encontrar | found encontró | found encontrado |
| to bind unir, atar | bound unió, ató | bound unido, atado |
| to grind moler | ground molió | ground molido |
| To deal tratar | dealt trató | dealt tratado |
| to lean apoyar, recostar | leant apoyó, recostó | leant apoyado, recostado |
| to mean significar | meant significó | meant significado |
| to dwell habitar | dwelt habitó | dwelt habitado |
| To sit sentarse | sat se sentó | sat sentado |
| to spit expectorar | spat expectoró | spat expectorado |
| to have haber, tener | had hubo, tuvo | had habido, tenido |

| INFINITIVE | PAST (third person singular) | PAST PARTICIPLE |
|---|---|---|
| INFINITIVO | PASADO | PARTICIPIO PASADO |
| to make<br>hacer, manufacturar | made<br>hizo, manufacturó | made<br>hecho, manufacturado |
| To bite<br>morder, picar | bit<br>mordió, picó | bit (o bitten)<br>mordido, picado |
| to slide<br>deslizar, resbalar | slid<br>deslizó, resbaló | slid (o slidden)<br>deslizado, resbalado |
| to hide<br>esconder(se) | hid<br>(se) escondió | hid (o hidden)<br>escondido |
| to light<br>encender | lit<br>encendió | lit<br>encendido |
| To say<br>decir | said<br>dijo | said<br>dicho |
| to pay<br>pagar | paid<br>pago | paid<br>pagado |
| to lay<br>colocar | laid<br>colocó | laid<br>colocado |
| To win<br>ganar, vencer | won<br>ganó, venció | won<br>ganado, vencido |
| to shine<br>brillar, lucir | shone<br>brilló, lució | shone<br>brillado, lucido |
| to wake<br>despertar | woke<br>despertó | woke<br>despertado |
| To tell<br>decir, contar | told<br>dijo, contó | told<br>dicho, contado |
| to sell<br>vender | sold<br>vendió | sold<br>vendido |

| INFINITIVE | PAST (third person singular) | PAST PARTICIPLE |
|---|---|---|
| INFINITIVO | PASADO | PARTICIPIO PASADO |
| To stand | stood | stood |
| quedarse, estarse | se quedó, se estuvo | quedado, estado |
| to understand | understood | understood |
| entender | entendió | entendido |
| To read | read | read |
| leer | leyó | leído |
| to hear | heard | heard |
| oir | oyó | oído |
| To hold | held | held |
| sostener | sostuvo | sostenido |
| to withhold | withheld | withheld |
| retener | retuvo | retenido |
| To lose | lost | lost |
| perder | perdió | perdido |
| to shoot | shot | shot |
| disparar | disparó | disparado |
| to speak | spoke | spoken |
| hablar | habló | hablado |
| to steal | stole | stolen |
| robar | robó | robado |
| to break | broke | broken |
| romper | rompió | roto |

156

| INFINITIVE | PAST (third person singular) | PAST PARTICIPLE |
|---|---|---|
| INFINITIVO | PASADO | PARTICIPIO PASADO |
| to choose | chose | chosen |
| escoger | escogió | escogido |
| to freeze | froze | frozen |
| congelar | congeló | congelado |
| to tread | trod | trodden |
| pisar | pisó | pisado |
| to weave | wove | woven |
| hilar | hiló | hilado |
| To write | wrote | written |
| escribir | escribió | escrito |
| to drive | drove | driven |
| manejar | manejó | manejado |
| to ride | rode | ridden |
| cabalgar | cabalgó | cabalgado |
| to rise | rose | risen |
| levantarse | se levantó | levantado |
| to strive | strove | striven |
| esforzarse | se esforzó | esforzado |
| To begin | began | begun |
| empezar, comenzar | empezó, comenzó | empezado, comenzado |
| to drink | drank | drunk |
| beber | bebió | bebido |
| to sing | sang | sung |
| cantar | cantó | cantado |

| INFINITIVE | PAST (third person singular) | PAST PARTICIPLE |
|---|---|---|
| INFINITIVO | PASADO | PARTICIPIO PASADO |
| to sink | sank | sunk |
| hundirse | se hundió | hundido |
| to swim | swam | swum |
| nadar | nadó | nadado |
| to stink | stank | stunk |
| apestar | apestó | apestado |
| to spring | sprang | sprung |
| brotar, saltar | brotó, saltó | brotado, saltado |
| to spin | span | spun |
| hilar | hiló | hilado |
| to shrink | shrank | shrunk |
| encoger | encogió | encogido |
| to ring | rang | rung |
| sonar (el timbre) | sonó | sonado |
| to run | ran | run |
| correr | corrió | corrido |
| To know | knew | known |
| conocer, saber | conoció, supo | conocido, sabido |
| to grow | grew | grown |
| crecer | creció | crecido |
| to throw | threw | thrown |
| lanzar | lanzó | lanzado |
| to blow | blew | blown |
| soplar | sopló | soplado |
| to fly | flew | flown |
| volar | voló | volado |

158

| INFINITIVE | PAST (third person singular) | PAST PARTICIPLE |
|---|---|---|
| INFINITIVO | PASADO | PARTICIPIO PASADO |
| To take tomar, llevar | took tomó, llevó | taken tomado, llevado |
| to mistake errar, confundir | mistook erró, confundió | mistaken errado, confundido |
| to undertake emprender | undertook emprendió | undertaken emprendido |
| to partake participar en | partook participó en | partaken participado de |
| to shake sacudir | shook sacudió | shaken sacudido |
| to forsake abandonar | forsook abandonó | forsaken abandonado |
| To give dar | gave dio | given dado |
| to forgive perdonar | forgave perdonó | forgiven perdonado |
| to bid ofrecer | bade ofreció | bidden ofrecido |
| to forbid prohibir | forbade prohibió | forbidden prohibido |
| To wear usar (prendas) | wore usó | worn usado |
| to tear desgarrar | tore desgarró | torn desgarrado |

159

| INFINITIVE | PAST (third person singular) | PAST PARTICIPLE |
|---|---|---|
| INFINITIVO | PASADO | PARTICIPIO PASADO |
| to swear jurar, blasfemar | swore juró, blasfemó | sworn jurado, blasfemado |
| to bear parir | bore parió | born, borne parido |
| To get conseguir | got consiguió | gotten, got conseguido |
| to forget olvidar | forgot olvidó | forgotten olvidado |
| to beget engendrar | begot engendró | begotten engendrado |
| To draw sacar, dibujar | drew sacó, dibujó | drawn sacado, dibujado |
| to withdraw retirar | withdrew retiró | withdrawn retirado |
| to overdraw[1] excederse | overdrew se excedió | overdrawn excedido |
| To come venir, llegar | came vino, llegó | come venido, llegado |
| to become llegar a ser | became llegó a ser | become llegado a ser |
| to overcome sobreponerse | overcame se sobrepuso | overcome sobrepuesto |

[1] Con respecto a un giro monetario o crédito.

160

| INFINITIVE | PAST (third person singular) | PAST PARTICIPLE |
|---|---|---|
| INFINITIVO | PASADO | PARTICIPIO PASADO |
| To eat | ate | eaten |
| comer | comió | comido |
| to fall | fell | fallen |
| caer | cayó | caído |
| To lie | lay | lain |
| tenderse | se tendió | tendido |
| to slay | slew | slain |
| matar | mató | matado |
| To be | was, were | been |
| ser, estar | fue, estuvo | sido, estado |
| to see | saw | seen |
| ver | vio | visto |
| To do | did | done |
| hacer | hizo | hecho |
| to go | went | gone |
| ir | fue | ido |
| to undergo | underwent | undergone |
| sufrir, padecer | sufrió, padeció | sufrido, padecido |
| to overdo | overdid | overdone |
| exagerar | exageró | exagerado |

CLASE 3. Con idénticas formas en sus tres partes principales.

| | | |
|---|---|---|
| To let | let | let |
| dejar, permitir | dejó, permitió | dejado, permitido |

161

| INFINITIVE | PAST (third person singular) | PAST PARTICIPLE |
|---|---|---|
| INFINITIVO | PASADO | PARTICIPIO PASADO |
| to set | set | set |
| fijar | fijó | fijado |
| to upset | upset | upset |
| trastornar | trastornó | trastornado |
| to wet | wet | wet |
| mojar | mojó | mojado |
| to bet | bet | bet |
| apostar | apostó | apostado |
| to spread | spread | spread |
| extender | extendió | extendido |
| To hit | hit | hit |
| pegar, golpear | pegó, golpeó | pegado, golpeado |
| to quit | quit | quit |
| renunciar | renunció | renunciado |
| to spit | spit | spit |
| escupir | escupió | escupido |
| to split | split | split |
| dividir | dividió | dividido |
| to cut | cut | cut |
| cortar | cortó | cortado |
| to shut | shut | shut |
| cerrar | cerró | cerrado |
| to thrust | thrust | thrust |
| introducir | introdujo | introducido |

162

| INFINITIVE<br>INFINITIVO | PAST<br>*(third person*<br>*singular)*<br>PASADO | PAST<br>PARTICIPLE<br>PARTICIPIO<br>PASADO |
|---|---|---|
| to cost<br>costar | cost<br>costó | cost<br>costado |
| To hurt<br>herir, lastimar | hurt<br>hirió, lastimó | hurt<br>herido, lastimado |
| to burst<br>reventar | burst<br>reventó | burst<br>reventado |
| to put<br>poner | put<br>puso | put<br>puesto |
| To cast<br>tirar, fundir | cast<br>tiró, fundió | cast<br>tirado, fundido |
| to broadcast<br>difundir | broadcast<br>difundió | broadcast<br>difundido |
| to forecast<br>predecir | forecast<br>predijo | forecast<br>predicho |

# CONVERSATION

–WHAT *HAVE* YOU DONE WITH YOUR OLD CAR?
(¿Qué has hecho con tu auto viejo? )

–I *HAVE* SOLD IT
(Lo he vendido)

–WHAT *HAS* JOHN DONE WITH HIS BOOK?
(¿Qué ha hecho Juan con su libro? )

–HE *HAS* LOST IT
(Él lo ha perdido)

–WHAT *HAVE* YOU BEEN DOING LATELY?
(¿Qué has estado haciendo últimamente? )

–I *HAVE* BEEN WORKING
(He estado trabajando)

–*HAS* MARY EVER READ THAT BOOK?
(¿Ha leído María alguna vez ese libro? )

–NO, SHE *HAS* NEVER READ IT
(No, ella nunca lo ha leído)

–*HAS* HELEN EVER WRITTEN A LETTER IN ENGLISH?
(¿Ha escrito Elena alguna vez una carta en inglés? )

–NO, SHE *HAS* NEVER WRITTEN IT
(No, ella nunca la ha escrito)

–*HAVE* YOU EVER SEEN THAT MAN?
(¿Han visto Uds. alguna vez a ese hombre? )

–NO, WE *HAVE* NEVER SEEN HIM
(No, no lo hemos visto)

–*HAVE* THEY SPOKEN TO THE MANAGER?
(¿Le han hablado ellos al gerente? )

–YES, THEY *HAVE* SPOKEN TO HIM ALREADY
(Sí, ellos ya le han hablado)

–*HAVE* THEY EVER EATEN CAVIAR?
( ¿Han comido ellos alguna vez caviar? )

–NO, THEY *HAVE* NEVER EATEN IT
(No, ellos nunca lo han comido)

–*HAS* JOHN EVER DONE THAT TYPE OF WORK BEFORE?
( ¿Ha hecho Juan alguna vez esa clase de trabajo anteriormente? )

–NO, HE *HAS* NEVER DONE IT BEFORE
(No, él nunca lo ha hecho antes)

–*HAVE* HENRY AND JOHN EVER COME HERE BEFORE?
( ¿Han venido alguna vez Enrique y Juan aquí anteriormente? )

–NO, THEY *HAVE* NEVER COME HERE BEFORE
(No, ellos nunca han venido aquí antes)

–*HAS* THE GIRL EVER GONE TO THE ZOO?
( ¿Ha ido la muchacha alguna vez al zoológico? )

–NO, SHE *HAS* NEVER GONE TO THE ZOO
(No, ella nunca ha ido al zoológico)

–WHERE *HAVE* YOU BEEN?
( ¿Dónde has estado? )

–I *HAVE* BEEN OUT OF TOWN
(He estado fuera de la ciudad)

–HOW *HAVE* YOUR PARENTS BEEN?
( ¿Cómo han estado tus padres? )

–THEY *HAVE* BEEN VERY WELL
(Ellos han estado muy bien)

–WHAT *HAVE* YOU BOUGHT FOR CHRISTMAS?
( ¿Qué ha comprado Ud. para Navidad? )

–I *HAVE* BOUGHT MANY PRESENTS
(He comprado muchos regalos)

## Práctica

Llene los espacios en blanco escogiendo entre *HAVE* o *HAS*.

_____ Robert been in this place?

_____ you seen that movie?

Lucy and Alice _____ practiced English all the week.

Mary _____ read the newspaper already.

_____ the girl swept the floor already?

I _____ done this assignment many times.

_____ you written a letter in English?

_____ Henry ever driven a car?

She _____ not eaten breakfast yet.

We _____ not spoken to him yet.

_____ they arrived in New York already?

The boys _____ sung many American songs.

He _____ finished the report on time.

_____ I given you the change?

Mary _____ not given me the change.

## Práctica

Cambie a *HAVE* o *HAS* las siguientes oraciones que están en tiempo presente. Al emplear *HAVE* o *HAS* estarán en el antepresente (present perfect).

1. John speaks English fluently.
2. Does Mary eat fish?
3. We often see American movies.
4. Paul doesn't hear the church bell.

5. Do you drink coffee in Susan's house?
6. I find very interesting things in the markets.
7. Do you choose nice colors?
8. My brother doesn't drive fast.
9. They don't keep their money in the Bank.
10. I give money to my parents.
11. Does Robert sleep eight hours?
12. My father takes us to the circus.
13. The student doesn't bring his book.
14. Do you buy vegetables in the market?
15. I get very good commissions
16. The girl doesn't sweep the floor.
17. We meet with many friends in the club.
18. Does Alice set the table?
19. I put my books on the table.
20. My parents sit at the table.
21. Do they forget to mail the letter?
22. Do you bring your camera in your car?
23. The secretary doesn't write many letters
24. We don't read the newspapers.
25. Who works in this office?
26. He leaves for Europe by airplane.
27. Does Henry come here by bus?
28. Those children don't know who I am.
29. I swim in this swimming pool.
30. This actress sings on television.

## Práctica

Emplee *HAVE* o *HAS* con *EVER* en las preguntas y *NEVER* en las negaciones de acuerdo con lo enumerado a continuación.
Ejemplo: 1. He— to be in New York.
(Pregunta) *Has* he *ever* been in N. Y? (¿Ha estado él alguna vez en N. Y? )
(Negación) He *has never* been in N. Y. (Él nunca ha estado en N. Y.)
Forme dos oraciones con cada sujeto y forma verbal correspondiente. Ésta deberá estar en participio pasado: *been, eaten,* etc.

1. He – to be in New York.
2. John – to eat caviar
3. You – to see a giraffe
4. Susan – to write a letter.
5. You – to speak in a meeting
6. They – to go *to* that place.

7. He — to read that book.
8. This child — to drink coffee
9. You — to drive a car
10. The secretary — to do that assignment
11. We — to sing that song
12. Robert — to sleep in a hotel
13. Alice — to buy a present
14. You — to keep money in the Bank
15. It — to work well
16. They — to forget their umbrella
17. You — to wear a hat
18. We — to choose a nice color
19. He — to break his leg
20. Paul — to swim in a lake
21. Mary — to bring you flowers
22. I — to get a good job
23. You — to hear voices
24. We — to know that man
25. Richard — to meet with Susan
26. You — to feel cold at night
27. They — to leave early
28. He — to send a package
29. You — to lend money
30. We — to give presents
31. I — to think of her
32. You — to freeze your ears
33. She — to pay the bills
34. I — to sell cars
35. They — to ride on a bus
36. We — to tell the truth
37. Helen — to set the table
38. You — to hurt your arm
39. She — to spend much money
40. They — to fight among themselves
41. I — to seek information
42. He — to forgive his enemies
43. Peter — to steal money
44. They — to kneel in church
45. She — to weep in a funeral
46. You — to swear in vain
47. Mary — to sweep the floor
48. I — to cut a cake
49. Henry — to put on a hat
50. Your parents — to forbid you to smoke

168

# EMPLEO DEL VERBO AUXILIAR *HAD* PARA
## CONSTRUIR EL *ANTECOPRETÉRITO* (PAST PERFECT)

Obsérvese el empleo del auxiliar *HAD* para expresar lo equivalente en español a *había, habías, habíamos, habían*. Advierta asimismo que *HAD* se utiliza con *todos* los sujetos o pronombres personales y que la forma verbal que le sigue es siempre un participio pasado: *spoken* (hablado), *eaten* (comido), *written* (escrito). Ejemplos:
*I had spoken* (yo había hablado), *he had written* (él había escrito).
En el interrogativo, *HAD* se antepone a los sujetos o pronombres personales. Compárese la posición de *HAD* en la gráfica del afirmativo con la del interrogativo.

| I | *HAD* | SPOKEN | to *him* |
|---|---|---|---|
| He | *HAD* | SEEN | that picture |
| She | *HAD* | WRITTEN | a letter |
| It | *HAD* | RAINED | too much |
| We | *HAD* | EATEN | that dish |
| They | *HAD* | DRIVEN | a truck |

| *HAD* | I | SPOKEN | to *him?* |
|---|---|---|---|
| *HAD* | he | SEEN | that picture? |
| *HAD* | she | WRITTEN | a letter? |
| *HAD* | It | RAINED | before? |
| *HAD* | we | EATEN | that dish? |
| *HAD* | they | DRIVEN | a truck? |

## COMENTARIOS

En el afirmativo pueden emplearse las contracciones siguientes: *I'D* (I *had*), you*'D* (you *had*), he*'d*, she*'D*, it*'D*, you*'D* y they*'D*, seguidas de cualquier forma verbal en participio pasado: *spoken*.

Observe ahora en el negativo la partícula NOT inmediatamente después de *HAD*.

| | | | | | |
|---|---|---|---|---|---|
| I | *had* | NOT | SPOKEN | to *him* | before. |
| He | *had* | NOT | SEEN | that picture | before. |
| They | *had* | NOT | DRIVEN | a truck | before. |

## COMENTARIOS

También puede sustituirse la partícula NOT por la palabra NEVER (nunca): *I had* NEVER *spoken to him* (Yo nunca había hablado con él).
Asimismo se pueden utilizar las siguientes contracciones negativas: I *HADN'T* (I *had* not), you *HADN'T*, he *HADN'T*, etc., seguidas de cualquier forma verbal en participio pasado: *spoken.*

### Práctica

Formule preguntas que contesten a las cuatro afirmaciones enumeradas abajo y de acuerdo con las palabras interrogativas aquí empleadas.

1. Robert has spoken to the manager in his office yesterday.

To whom _____ ?

Who _____ ?

What _____ ?

Where _____ ?

When _____ ?

2. They have worked in a factory during their vacation.

What _____ ?

When _____ ?

170

Who _____ ?

Where _____ ?

3. Paul will go to New York by airplane next month.

How _____ ?

Where _____ ?

Who _____ ?

What _____ ?

When _____ ?

4. Christofer Columbus had traveled to America in 1492 on sail-ships.

Who _____ ?

When _____ ?

What _____ ?

Where _____ ?

How _____ ?

# EMPLEO DE *THAT I MAY...* ETC. PARA CONSTRUIR EL PRESENTE DE SUBJUNTIVO

Observe el empleo de *THAT I MAY...* (That I may speak = que yo hable) etc. para expresar lo equivalente en español a *que yo escriba, que leamos, que vengan,* etc.

Advierta también que el auxiliar *MAY* se utiliza en todos los sujetos o pronombres personales y que su posición es después de dichos sujetos (*I, you, he, she,* etc.).

En el negativo la partícula NOT se coloca inmediatamente después de *MAY*. Nótese ademas que este auxiliar va seguido de verbos en su forma simple (*speak, eat, see, write,* etc.).

| That I | MAY | speak | | That I | may | NOT | speak |
|--------|-----|-------|---|--------|-----|-----|-------|
| That you | MAY | eat | | That you | may | NOT | eat |
| That he | MAY | see | | That he | may | NOT | see |
| That she | MAY | write | | That she | may | NOT | write |
| That it | MAY | rain | | That it | may | NOT | rain |
| That we | MAY | live | | That we | may | NOT | live |
| That you | MAY | work | | That you | may | NOT | work |
| That they | MAY | study | | That they | may | NOT | study |

## COMENTARIOS

Recuérdese que *MAY*, además de ser el auxiliar del presente de subjuntivo, también puede expresar *permiso, posibilidad* y *deseo.* Ejemplos:

(*permiso*)      *MAY* I speak to you? = ¿Puedo hablar con Ud?

             *MAY* I go?          = ¿Puedo irme?

             *MAY* I smoke?     = ¿Puedo fumar?

(*posibilidad*)

     I *MAY* go to Europe next year = Posiblemente vaya a Europa el año próximo.

He *MAY* arrive in Mexico tomorrow = Posiblemente llegue a México mañana.

     It *MAY* rain today = Posiblemente llueva hoy.

(*deseo*)         *MAY* God bless you! = ¡Que Dios te bendiga!

*MAY* Christmas bring you happiness! = ¡Que la Navidad te traiga felicidad!

     *MAY* you have a good time! = ¡Que te diviertas!

172

## Práctica

Dé el equivalente en inglés a lo que aparece escrito entre paréntesis abajo de los espacios en blanco.

1. John wears eye-glasses so _____ better.
   (que vea)

2. I practice English so _____ fluently.
   (que hable)

3. Henry saves money so _____ a new car.
   (que compre)

4. We work hard so _____ money.
   (que ahorremos)

5. They play foot-ball so _____ strong.
   (que estén)

6. Mary eats much fruit so _____ healthy.
   (que se conserve)

7. I sleep eight hours so _____ well.
   (que descanse)

8. They buy very cheap so _____ at a good price.
   (que vendan)

9. I read the newspapers so _____ the news.
   (que comente)

10. Susan listens carefully so _____ the conversation.
    (que entienda)

11. He wears a hearing-aid so _____ well.
    (que oiga)

12. She eats vegetables so _____ soon.
    (que adelgace)

# EMPLEO DE *IF* (condicional)
## CON EL PASADO DE LOS VERBOS
## PARA CONSTRUIR EL *PASADO DE SUBJUNTIVO*

Observe el empleo de la palabra condicional *IF* con los verbos en *pasado* lo cual equivale en castellano a *si* yo *hablara* = *if* I SPOKE, *si* él *viniera* = *if* he CAME, *si* escribié*ramos* = *if* we WROTE, si ellos *compraran* = *if* they BOUGHT, etc. Advierta también aquí que estas oraciones en el *pasado* de *subjuntivo* se complementan con el auxiliar *WOULD* seguido de verbos en su forma simple: *go, buy, travel,* etc.

| | | | | | | |
|---|---|---|---|---|---|---|
| *IF* I | SPOKE | English | I | *WOULD* go | to New York. |
| *IF* he | CAME | here tomorrow | we | *WOULD* visit | him. |
| *IF* we | BOUGHT | the newspaper | we | *WOULD* learn | the news. |
| *IF* they | WORKED | overtime | they | *WOULD* earn | more money. |
| | | | | | |
| *IF.* I | *WERE* | very rich | I | *WOULD* buy | a ranch. |
| *IF* he | *WERE* | my friend | I | *WOULD* help | him. |
| *IF* she | *WERE* | in Mexico | she | *WOULD* speak | Spanish. |
| *IF* it | *WERE* | easy | I | *WOULD* do | it. |
| | | | | | |
| *IF* you | *COULD* | speak English | you | *WOULD* travel | through Europe. |

## COMENTARIOS

Nótese aquí el empleo de *WERE* (fuera, estuviera) en *I, he, she, it,* en estas acciones condicionadas en las que se antepone la palabra *IF*. No emplee *WAS* en *I, he, she, it,* cuando están en *pasado* de *subjuntivo*.

Por otra parte, en este caso, el auxiliar *WERE* se utiliza con todos los sujetos o pronombres personales.

Lea este cuadro oralmente

Observe ahora en el negativo, el uso de *DIDN'T* seguido de inmediato por verbos en su forma simple *(speak, come, buy,* etc.). Advierta también *WEREN'T* para la forma negativa del pasado de subjuntivo del verbo *to be* (ser o estar) y *COULDN'T* en lo que respecta a la forma negativa de *COULD.*

| | | | | | | |
|---|---|---|---|---|---|---|
| *If* I | *DIDN'T* | speak | English | I *WOULD* | *earn* | very little money. |
| *If* he | *DIDN'T* | come | here | I *WOULD* | *see* | him at home. |
| *If* I | *WEREN'T* | | poor | I *WOULD* | *buy* | a car. |
| *If* I | *COULDN'T* | *go* | to London | I *WOULD* | *go* | to New York. |

Lea este cuadro oralmente

## Práctica

Conteste en inglés con oraciones completas las siguientes preguntas:

1. What *would* you do if you *were* rich?

   _____

2. What *would* you do if you *were* very poor?

   _____

3. What *would* you do if you *had* a million dollars?

   _____

4. What *would* you do if you *were* blind?

   _____

5. What *would* you do if you *were* President of this country?

   _____

6. What *would* you do if you *had* a private airplane?

   _____

7. Where *would* you go on week-ends if you *had* an airplane?

   _____

8. What *would* you do if you *were* a bird?

   _____

175

9. Where *would* you go if you *could* fly?

_____

10. What places *would* you visit if you *were* in New York?

_____

11. What *would* you do if you *had* a ranch?

_____

12. What *would* you do if you *were* very sick?

_____

13. What *would* you do if you *spoke* English very well?

_____

14. How *would* you feel if you *ate* only bread every day?

_____

15. How *would* you feel if you *slept* only two hours every night?

_____

16. What *would* you do if you *saw* a ghost?

_____

17. What *would* you do if you *heard* an explosion near you?

_____

18. What *would* you do if you *felt* a strong earth-quake?

_____

19. What *would* you do if you *went* to China and you didn't speak Chinese?

## EMPLEO DE LA FORMA *I WISH*
## PARA SIGNIFICAR *OJALÁ* EN ESPAÑOL

Observe el uso de las formas *I WISH I...*, *I WISH YOU...*, *I WISH he...*, etc., que en castellano equivalen a *OJALÁ*.
Note asimismo que dichas formas van seguidas de verbos en pasado como *had, came, spoke*, etc., que en este caso significan en español *tuviera, viniera, hablara*, etc.

| | | |
|---|---|---|
| *I wish I* | *HAD* | a million dollars. |
| *I wish you* | *CAME* | to the party tonight. |
| *I wish he* | *SPOKE* | English very well. |
| *I wish Mary* | *WERE* | my classmate in school. |
| *I wish we* | *COULD* | travel every year. |

Adviértase ahora aquí en el negativo el empleo de *DIDN'T* y el verbo en su forma simple después de *I wish I...* etc. en todos los casos excepto en los verbos en pasado *were* y *could* cuyas formas negativas son *WEREN'T* y *COULDN'T*

| | | | |
|---|---|---|---|
| *I wish I* | *DIDN'T* | *work* | so much every day. |
| *I wish you* | *DIDN'T* | *come* | so late every morning. |
| *I wish he* | *DIDN'T* | *speak* | so much in class. |
| *I wish Mary* | *WEREN'T* | | so busy every day. |
| *I wish they* | *COULDN'T* | *go* | to that place tonight. |

### COMENTARIOS

Empléase asimismo en el afirmativo el auxiliar *WOULD* seguido del verbo en su forma simple después de *I wish I...* etc. Ejemplo:
> *I wish I would* have *a million dollars.*
> Ojalá yo *tuviera* un millón de dólares.

En el negativo también se puede utilizar *WOULDN'T* con verbos en su forma simple. Ejemplo:
> *I wish I WOULDN'T work so much*
> Ojalá yo no *trabajara* tanto.

# Práctica

Exprese una opinión favorable empleando la forma *I WISH* (ojalá) en cada una de las siguientes oraciones. Ejemplo:

1. Not many people *are rich in Mexico.*

   I wish many people *were* rich in Mexico.
   (Ojalá mucha gente fuera rica en México)

1. Not many people *are* rich in Mexico
2. A few people *can* go to the beach every year.
3. John *is* sick.
4. It *is* raining very hard
5. A few people *have* a car in this country.
6. Not many people *go* to New York every year.
7. It *is* snowing in Chicago now.
8. Acapulco *is* very hot in Summer-time.
9. A few people *own* a house in Mexico City.
10. Not many people *buy* cars on cash.
11. Life *is* expensive nowadays.
12. Not many mexicans *can* travel to Europe.
13. Not many people *earn* good salaries.
14. Not many guests *are* in this party.
15. A few students *speak* English fluently.

## EMPLEO DE LAS FORMAS COMPUESTAS
### IF I HAD. . . I WOULD HAVE. . . ETC.

Observe el uso de *if I HAD. . ., if you HAD. . ., if he HAD. . .*, etc. seguidas de verbos en participio pasado *(spoken, studied,* etc.) y combinadas con las formas *WOULD HAVE* seguidas igualmente de participios pasados: *gone, learned,* etc. Advierta asimismo que *if I HAD. . .*, etc., equivale en español a *si yo hubiera,* etc. y la forma *WOULD HAVE* a *habría. . .*, etc.

| If I | HAD | SPOKEN | well | I | WOULD HAVE | GONE | to N. Y. |
| If you | HAD | STUDIED | more | you | WOULD HAVE | LEARNED | better. |
| If he | HAD | WORKED | hard | he | WOULD HAVE | EARNED | money. |
| If she | HAD | WRITTEN | | she | WOULD HAVE | GOTTEN | a letter. |
| If it | HAD | RAINED | | it | WOULD HAVE | BEEN | cooler. |
| If we | HAD | RUN | faster | we | WOULD HAVE | CAUGHT | him. |
| If you | HAD | HELPED | us | we | WOULD HAVE | FINISHED | earlier. |
| If they | HAD | COME | here | I | WOULD HAVE | SEEN | them. |

## COMENTARIOS

En ambos patrones compuestos pueden emplearse las siguientes formas contraídas. Ejemplos:

If I*'d spoken* English well, I *would've gone* to England.
(Si yo hubiera hablado inglés bien, yo habría ido a Inglaterra)

If you*'d studied* more, you *would've learned* better.
(Si hubieras estudiado más, habrías aprendido mejor)

If he*'d worked* hard, he *would've earned* money.
(Si él hubiera trabajado duro, él habría ganado dinero)

## Práctica

Conteste en inglés con oraciones completas a las siguientes preguntas:

1. What would you have done, if you had been Napoleon?
2. Where would you have gone last year, if you had had more money?
3. What would you have done, if you had been born blind?
4. What would you have done, if you had been a bird?
5. What would you have done, if a doctor had told you that you had only six months to live?
6. What would you have bought, if you had had a million dollars?
7. How would you have spent a million dollars, if you had been in Paris last year?
8. What would you have done, if you had seen a fire near your house?
9. How would you have spent your time, if you had been in New York last year?
10. Where would you have flown, if you had had wings?
11. Where would you have gone during your last vacation if you had had more money?
12. What would you have eaten yesterday if you hadn't been sick?

## EMPLEO DE LA FORMA: *MUST*
## HAVE + PARTICIPIO PASADO (debe haber...)

Observe que la forma *MUST* HAVE (WORK*ED)* expresa solamente suposición en tiempo pasado y *nunca* deber moral.

| | | | | |
|---|---|---|---|---|
| I suppose he | *MUST* HAVE *WORK*ED | very hard yesterday. |
| I think they | *MUST* HAVE *LIVED* | in the United States. |
| I suppose he | *MUST* HAVE *SPOKEN* | English very well. |

### COMENTARIOS

Asimismo se puede emplear la contracción *MUST'VE* (work*ed*, liv*ed*, spoken, rain*ed)*. Ejemplo:
I suppose it *MUST'VE rain*ED very much yesterday.
Supongo que *debe haber llovido* mucho ayer)

## EMPLEO DE LA FORMA: *SHOULD*
## HAVE + PARTICIPIO PASADO (debería haber...)

Observe que la forma *SHOULD* HAVE (WORK*ED)* expresa obligación moral en pasado.

| | | | |
|---|---|---|---|
| I | *SHOULD* HAVE *WORKED* yesterday, but I | *DIDN'T* work |
| You | *SHOULD* HAVE *GONE* to school, but you | *DIDN'T* go |
| He | *SHOULD* HAVE *RESTED* yesterday, but he | *DIDN'T* rest |

### COMENTARIOS

Igualmente puede usarse la contracción *SHOULD'VE* WORK*ED* etc. Ejemplo:
John *SHOULD'VE slept* more hours last night, but he only slept four hours.
(Juan *debería haber dormido* más horas anoche, pero sólo durmió cuatro horas)

## Práctica

Saque conclusiones hipotéticas de acuerdo con las aseveraciones abajo enumeradas. Para ese efecto emplee la forma *MUST'VE*. Anteponga a cada oración las palabras *I suppose*. Ejemplo:

1. John speaks English very well.
   I suppose he *MUST'VE* practiced a lot.

1. John speaks English very well.
2. He has a cut on his face.
3. Helen can't find her pen.
4. I never see his old car anymore. I don't know what he did with it.
5. I saw Paul in a drug-store. He was looking pale and tired.
6. I saw Alice running. She didn't stop. She only said: Hello
7. I called Mary over the telephone. The phone rang but nobody answered it.
8. I went to Paul's apartment, but he wasn't there.
9. I saw Betty getting many presents and congratulations.
10. I saw Charles in a restaurant. He was eating very much.

## Práctica

Con el fin de que el uso de *SHOULD'VE (SHOULD HAVE)* se torne *automático*; empléelo en cada una de las frases abajo enumeradas, anteponiéndolo a ellas y así formar oraciones completas. Ejemplo:

1. _____ gone to the hospital for his operation last week.
He *SHOULD'VE* gone to the hospital for his operation last week.

1. _____ gone to the hospital for his operation last week.

2. _____ worked in the office yesterday.

3. _____ finished my assignment last Friday.

4. _____ written a letter to her parents last week.

5. _____ read the instructions before.

6. _____ rested after your operation last month.

7. _____ eaten breakfast before going to work.

8. _____ arrived on time yesterday.

9. _____ swept the floor yesterday morning.

10. _____ slept eight hours last night.

11. _____ got that job last week.

12. _____ visited Paris last Summer.

13. _____ driven carefully last night.

14. _____ bought that house last year.

15. _____ taken a taxi during the rain last night.

## Práctica

Con el objeto de forzar una alternativa entre el empleo de
SHOULD VE o el negativo SHOULDN T HAVE, fórmense oraciones de acuerdo con los siguientes complementos. Note que todos
los verbos están en participio pasado.

1. _____ *finished* my report on time yesterday.

2. _____ *left* without permission.

3. _____ *arrived* early yesterday.

4. _____ *gone* to the hospital for your operation.

5. _____ *done* your home-work yesterday.

6. _____ *worked* when she was sick.

7. _____ *asked* the nurse for more medicine without the
doctor s orders.

8. _____ *slept* so late when he had to work.

9. _____ *eaten* so much yesterday.

10. _____ *rested* when the doctor told you to do so.

11. _____ *checked* those bills yesterday

12. _____ *spoken* aloud when the teacher was teaching
the lesson.

13. _____ *read* that book, because it is for adults only.

14. _____ come to the meeting yesterday.

15. _____ *told* that secret to anybody.

## EMPLEO DE LA FORMA: *OUGHT*
## *TO* HAVE + PARTICIPIO PASADO (debiera haber...)

Observe que *OUGHT TO* HAVE *(WORKED)* expresa también *deber* en tiempo pasado, pero no de tipo moral.
Advierta asimismo que *OUGHT TO* HAVE siempre va seguida de verbo en participio pasado: *seen* (visto).

| I | *OUGHT TO* HAVE *SEEN* | a doctor last week. |
| You | *OUGHT TO* HAVE *BOUGHT* | that car last year. |
| He | *OUGHT TO* HAVE *PRACTIC*ED | English in Chicago. |

### OBSERVACIONES

1.–Note las tres formas compuestas en negativo:

I think he *must* NOT have work*ed* yesterday.
(Creo que él no debe haber trabajado ayer)

He *should* NOT have work*ed* yesterday.
(Él no debería haber trabajado ayer)

He *ought* NOT *to* have work*ed* yesterday.
(Él no debiera haber trabajado ayer)

2.–Note sólo dos formas compuestas en interrogativo:

*Should* he have work*ed* yesterday?
(¿Debería él haber trabajado ayer? )

*Ought* he *to* have work*ed* yesterday?
(¿Debiera él haber trabajado ayer? )

185

# EMPLEO DE *MAY* HAVE, *MIGHT* HAVE
# Y *COULD* HAVE + PARTICIPIO PASADO

Observe que tanto *MAY* HAVE (arrived) como *MIGHT* HAVE (spoken) expresan una posibilidad en pasado y que *COULD* HAVE (done) es equivalente en español a *hubiera podido* (hacer) o *pudo haber* (hecho).

| | | | | |
|---|---|---|---|---|
| I suppose | Henry | *MAY* HAVE | *been* | here last week |
| I think | Mary | *MAY* HAVE | *seen* | me yesterday |
| I guess | Alice | *MAY* HAVE | *arrived* | in Chicago yesterday |
| I suppose | they | *MIGHT* HAVE | *known* | each other a long time ago |
| I suppose | he | *MIGHT* HAVE | *gone* | to the movies last night |
| I guess | she | *MIGHT* HAVE | *finished* | that assignment yesterday |
| | Richard | *COULD* HAVE | *learned* | English last year |
| | Helen | *COULD* HAVE | *come* | here yesterday |
| | They | *COULD* HAVE | *done* | their assignment yesterday |

## COMENTARIOS

Las contracciones de estas formas compuestas son: *MAY'VE*, *MIGHT'VE* y *COULD'VE*. Ejemplos:

He *MAY'VE* worked (Posiblemente él haya trabajado)
He *MIGHT'VE* worked (Él podría haber trabajado)
He *COULD'VE* worked (Él pudo haber trabajado)

Sus formas negativas son *MAY NOT* HAVE, *MIGHT NOT* HAVE y *COULD NOT* HAVE.

## Práctica

1. Construya oraciones empleando las formas *MAY'VE* y *MIGHT'VE* en afirmativo y negativo.

2. Conteste con varias afirmaciones a las siguientes preguntas:

a) What *COULD* you HAVE *done* last week that you didn't do?
b) Where *COULD* you HAVE *gone* yesterday that you didn't go?
c) Whom *COULD* she HAVE *seen* last Sunday that she didn't see?

## EMPLEO DE LA FORMA *ING* DESPUÉS DE PREPOSICIONES Y OTRAS PALABRAS

Debe utilizarse la forma verbal en *gerundio* y *no* en infinitivo, después de las preposiciones y algunas otras palabras que se exponen en la gráfica siguiente.

| | | | |
|---|---|---|---|
| 1. Think twice | BEFORE | *speaking.* | |
| 2. You should rest | AFTER | *working.* | |
| 3. He went away | WITHOUT | *saying* | good-bye. |
| 4. Thank you | FOR | *coming.* | |
| 5. She persisted | IN | *asking* | questions. |
| 6. Please, close the door | ON | *leaving.* | |
| 7. They are experts | AT | *making* | watches. |
| 8. Did they say anything | ABOUT | *buying* | the house? |
| 9. He stays at home | INSTEAD OF | *going* | to school. |
| 10. I finished | IN SPITE OF | *feeling* | tired. |
| 11. Read the newspaper | WHILE | *waiting.* | |

1. Piense dos veces antes de hablar.
2. Ud. debería descansar después de trabajar.
3. Él se fue sin decir adiós.
4. Gracias por haber venido.
5. Ella persistía en hacer preguntas.
6. Por favor, cierre la puerta al salir.
7. Ellos son expertos para hacer relojes.
8. ¿Dijeron ellos algo acerca de comprar la casa?
9. Él se queda en casa en lugar de ir a la escuela.
10. Terminé a pesar de sentirme cansado
11. Lea el periódico mientras espera.

Lea este cuadro oralmente

# EJERCICIOS

Llene los espacios en blanco con la palabra abajo indicada, que está entre paréntesis, cambiándola al gerundio. Traduzca después esas oraciones al castellano en forma oral.

1. He went home without _____ his work.
   (finish)

2. She drinks coca-cola instead of _____ milk.
   (to drink)

3. Call me first before _____ to my house.
   (to go)

4. Don't forget to brush your teeth after _____
   (to eat)

5. This book is for _____ English.
   (to learn)

6. My brother is very good at _____ chess.
   (play)

7. She's very shy about _____ .
   to sing)

8. Be careful on _____ the bus.
   (get off)

9. He came to school in spite of _____ sick.
   (to be)

10. My uncle is interested in _____ that house.
    (to buy)

11. Don't forget to write upon _____
    (to arrive)

12. He worked yesterday without _____ anything.
    (to eat)

13. They danced while _____ to the radio.
    (to listen)

14. Wash your hands before _____
    (to eat)

15. You can play base-ball after _____ your lesson.
    (to study)

## EMPLEO DE LA FORMA *ING*
## DESPUÉS DE CIERTOS VERBOS

Obsérvese la forma *ING* y *no* el infinitivo, después de *to enjoy* (disfrutar, gozar), *to avoid* (evitar), *to stop* (parar, cesar), *to practice* (practicar), *to finish* (terminar), *to consider* (considerar) y *to mind* (tener inconveniente, importar). Note asimismo cómo estos siete verbos pueden estar en cualquier tiempo y forma.

| | | | |
|---|---|---|---|
| Henry | often | ENJOYS | swimm*ing* |
| Peter | always | AVOIDS | fight*ing* |
| I | finally | STOPPED | smok*ing* |
| We | never | PRACTICE | read*ing* |
| They | *haven't* | FINISHED | work*ing* |
| John | *hasn't* | CONSIDERED | travel*ing* |
| Alice | *doesn't* | MIND | waiting |

### COMENTARIOS

También existen otros verbos que pueden tomar tanto la forma *ING* como el infinitivo indistintamente. Ejemplos:

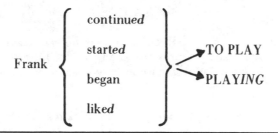

## PRONOMBRES OBJETIVOS E INFINITIVOS
## DESPUÉS DE ALGUNOS VERBOS

Empléanse los pronombres objetivos *me, you, it, him, her, us, them* seguidos de *infinitivos,* después de estos verbos.

| He | EXPECTS | *me* | to come | | tomorrow |
|---|---|---|---|---|---|
| I | ORDERED | *you* | to go | | home |
| I | ASKED | *him* | to study | | every day |
| He | INVITED | *her* | to go | | down town |
| They | WANT | *us* | to call | *him* | this afternoon |
| I | TOLD | *you* | to wait for | *me* | here |
| I | ADVISE | *you* | to send | *me* | the packages home |
| We | WANTED | *them* | to bring | *us* | many presents |
| She | ASKED | *him* | to write | | the letters now |
| He | PERMITTED | *us* | to wait | | in the lobby |
| He | FORCED | *us* | to come back | | to Chicago |
| I | PERSUADED | *them* | to travel | | by airplane |
| He | CONVINCED | *me* | to learn | | English |
| I | URGED | *her* | to speak | | more English |
| I | ALLOWED | *him* | to play | | base-ball |

### COMENTARIOS

Observe que la forma verbal en infinitivo no varía aunque los verbos principales estén en presente o en pasado. En éstos el infinitivo equivale en español al presente y pasado de Subjuntivo. Ejemplos:

He expects me *to come* tomorrow. (Él espera que yo venga mañana).

I ordered you *to go* home. (Te ordené que fueras a casa).

## Práctica

Con el objeto de que las formas *WANT ME TO*... etc., se tornen *automáticas*, sustituya en la siguiente oración: They *want* us to finish the report on time, el verbo *want* por:

| | | |
|---|---|---|
| 1. tell | (told) | decir-dijo |
| 2. ask | (asked) | pedir-pidió |
| 3. order | (ordered) | ordenar-ordenó |
| 4. force | (forced) | obligar-obligó |
| 5. advise | (advised) | aconsejar-aconsejó |
| 6. persuade | (persuaded) | persuadir-persuadió |
| 7. convince | (convinced) | convencer-convenció |
| 8. invite | (invited) | invitar-invitó |
| 9. urge | (urged) | urgir-urgió (apremiar) |
| 10. expect | (expected) | esperar-esperó |
| 11. permit | (permitted) | permitir-permitió |
| 12. allow | (allowed) | permitir-permitió |

Forme dos oraciones con cada verbo, una en presente y otra en pasado. Ejemplo:

1. They tell us to finish the report on time
   (Ellos nos dicen que terminemos el informe a tiempo)

They told us to finish the report on time
(Ellos nos dijeron que termináramos el informe a tiempo)

191

# CASOS EN QUE SE EMPLEA EL TIEMPO PRESENTE DE INDICATIVO EN VEZ DEL SUBJUNTIVO DESPUÉS DE CIERTOS VERBOS

Empléase el tiempo presente en lugar del presente de subjuntivo después de los verbos *propose* (proponer), *recommend* (recomendar), *prefer* (preferir), *suggest* (sugerir), *demand* (exigir) y *insist* (insistir). La forma verbal en presente que sigue a dichos verbos, no lleva S en las terceras personas: *he, she, it.* Ejemplos:

I *propose* that he *come* on Saturday.
(Propongo que él venga el sábado)

I *recommend* that she speak English often.
(Recomiendo que ella hable inglés a menudo)

| The teacher | { *proposes* *recommends* *prefers* *suggests* *demands* *insists* } | that he *practice* English |
|---|---|---|

## COMENTARIOS

Los seis verbos en cuestión son regulares, de modo que su pasado y participio pasado es: *proposed, recommended, preferred, demanded, insisted.*

La forma verbal que sigue a estos verbos en pasado también va en tiempo presente. Tampoco llevan S en *he, she, it.* Ejemplos:

I *suggested* that he *go* to Florida (Sugerí que él fuera a Florida)

He *recommended* that she *see* a doctor (Él recomendó que ella viera a un médico)

Para las negaciones sólo basta anteponer la partícula *NOT* a la forma verbal subordinada. Ejemplo:

I *suggested* that he *NOT go* to Florida (Sugerí que él no fuera a Florida)

192

## Práctica

Dé el equivalente en inglés a lo que aparece escrito entre paréntesis abajo de los espacios en blanco.

1. I recommend _____ to Mexico next Summer.
   (que vengas)

2. Henry insisted _____ to New York during my vacation.
   (que yo fuera)

3. His father preferred _____ English very soon.
   (que Juan hablara)

4. They insist _____ to their home for dinner.
   (que vengamos)

5. My teacher proposes _____ English very often.
   (que yo practique)

6. He demanded _____ those bills soon.
   (que ellos pagaran)

7. Mary suggets _____ that car.
   (que compremos)

8. I prefer _____ that piano.
   (que ella venda)

9. She recommends _____ during the Summer.
   (que yo viaje)

10. We suggested _____ in another restaurant.
    (que Uds. comieran)

## PRONOMBRES OBJETIVOS E INFINITIVOS SIN *TO* DESPUÉS DE CIERTOS VERBOS

Adviértanse los verbos en infinitivo *sin* la partícula *to*, después de *let, help, have, see, hear, make* y *feel*, cuando entre estos dos grupos se interponen los pronombres objetivos *me, him, us*, etc. Ejemplo:

Let me *go* = Déjame ir

Compárese esta gráfica con el cuadro que aparece en la página 190.

| I | HAD | the students | *read* | the newspaper. |
|---|---|---|---|---|
| I | HELPED | them | *understand* | the news. |
| I | MADE | them | *discuss* | the editorial. |
| I | LET | them | *read* | other articles too. |
| I | HEARD | them | *laugh* | at the comics. |
| I | SAW | them | *talk* | about sports. |
| I | WATCHED | them | *practice* | some catching. |
| I | FEEL | my tongue | *move* | as I speak. |

### COMENTARIOS

Estos ocho verbos especiales pueden estar en cualquier tiempo o forma verbal, sin que el infinitivo (sin *to*) sufra alguna modificación.

Ejemplos:

He doesn't help me *understand* the lesson
(Él no me ayuda a entender la lección)

He didn't help me *understand* the lesson
(Él no me ayudó a entender la lección)

Asimismo observe que aquí, *have* no denota posesión sino más bien *mandato* u *orden*. Ejemplos:

I'll *have* the maid sweep the floor
(Ordenaré a la criada barrer el piso)

I *had* the students read the newspaper
(Les mandé a los estudiantes leer el periódico)

I'm going *to have* the electrician fix the light
(Voy a hacer que el electricista componga la luz)

## Práctica 1

Con el objeto de que el empleo del INFINITIVO sin *TO* se torne automático, practíquelo oralmente en las siguientes oraciones.

*a)* Will Mr. Brown *let* you *do* the extra work for the program?

Sustitúyase en esta oración, *let* por:

| | |
|---|---|
| 1. *have* | 4. *make* |
| 2. *help* | 5. *watch* |
| 3. *see* | 6. *hear* |

*b)* I *had* one student *speak* about public relations

Sustitúyase en esta oración, *had* por:

| | |
|---|---|
| 1. *heard* | 4. *let* |
| 2. *helped* | 5. *made* |
| 3. *watched* | 6. *saw* |

*c)* Mary is going *to help* Paul *decorate* the living-room

Sustitúyase en esta oración, *to help* por:

| | |
|---|---|
| 1. *to see* | 4. *to watch* |
| 2. *to let* | 5. *to make* |
| 3. *to have* | |

# Práctica 2

Para forzar una alternativa entre el empleo del infinitivo *con* ιo y el infinitivo *sin to,* elíjase cuál debe ser el apropiado en las siguientes oraciones:

*a)* My teacher asked me to talk about American History.

Sustitúyase en esta oración, *asked* por:

| | |
|---|---|
| 1. *helped* | 10. *invited* |
| 2. *told* | 11. *had* |
| 3. *wanted* | 12. *saw* |
| 4. *made* | 13. *convinced* |
| 5. *advised* | 14. *urged* |
| 6. *forced* | 15. *ordered* |
| 7. *let* | 16. *watched* |
| 8. *persuaded* | 17. *expected* |
| 9. *heard* | 18. *allowed* |

*b)* We will watch our foot-ball team play next Sunday

Sustitúyase en esta oración *watch* por:

| | |
|---|---|
| 1. *expect* | 7. *ask* |
| 2. *have* | 8. *advise* |
| 3. *let* | 9. *persuade* |
| 4. *urge* | 10. *help* |
| 5. *permit* | 11. *see* |
| 6. *make* | 12. *force* |

# EXAMEN FINAL DE ESTRUCTURA INGLESA
## (VALOR 100 PUNTOS)

TEMA I. Escriba una composición en inglés con un mínimo de cien palabras. Tema libre. (VALOR 10 PUNTOS).

TEMA II. De las palabras que están entre paréntesis, seleccione la correcta (o correctas) subrayándola (VALOR 60 PUNTOS).

1. (Am) (Can) (May) I ask you a question?
2. I thought Mary (can) (could) (will) speak English.
3. John said that he (would) (will) (may) come to the party tonight.
4. Her mother said that Mary (may) (might) (can) go dancing.
5. Henry has to buy a book. He (should) (must) (would) buy it.
6. Tom is able to paint. He (will) (can) (could) paint.
7. Mary was able to sing. She (would) (can) (could) sing.
8. Alice has permission to go to the party. She (will) (may) (can) go to the party.
9. Albert had permission to play yesterday. He (would) (could) (might) play.
10. Frank had an obligation to study yesterday. He (must have) (could have) (should have) studied yesterday.
11. Susan wasn't at home last night. I supposed she (would have) (must have) (could have) gone out to the theater.
12. John didn't finish his work yesterday, but it was possible for him to finish it. He (might have) (may have) (could have) finished his work yesterday.
13. Dr. Jones had an obligation to return from his vacation last week, but he didn't return. He (must have) (should have) (may have) returned last week.
14. There was a possibility that Mr. Black was in his office yesterday He (would have) (might have) (should have) been in his office yesterday.
15. There is a possibility that Dr. Jones planned to go to the country last week. He (may have) (ought to have) (will have) planned to go to the country last week.
16. Edward had an obligation to come here yesterday, but he didn't come. He (must have) (could have) (ought to have) come here yesterday
17. I suppose he was working yesterday. He (must have been) (should have been) (would have been) working yesterday.

18. He was working last week too, but the doctor told him to rest. He (couldn't have been) (shouldn't have been) (wouldn't have been) working last week.
19. Miss Brown wasn't in the office yesterday morning, but it was possible for her to be there. She (may have been) (might have been) (could have been) in the office yesterday morning.
20. She wasn't at home when I went to see her yesterday. She (would have been) (may have been) (should have been) Down-Town yesterday.
21. I think she was buying clothes yesterday. She (must have been) (should have been) (ought to have been) buying clothes yesterday.
22. Mary avoided (to see) (seeing) (see) John last week.
23. My cousin is very good (for) (by) (at) playing the piano.
24. Please, listen (me) (to me) (at me).
25. I looked (at her) (her) when she went out.
26. She lives (at) (on) (in) 523 Hidalgo Street.
27. You can learn more English (in) (on) (by) speaking and reading.
28. I gave (to Robert) (Robert) (at Robert) a present last Christmas.
29. They want (that we) (we) (us) to go to their ranch.
30. I advised George (bought) (to buy) (will buy) a good book.
31. You should brush your teeth after (to eat) (eat) (eating)
32. He told his secretary (that she not send) (not to send) (that she doesn't send) that letter yet.
33. We have (strive) (striven) (strove) to learn more English during this year.
34. We are interested (to) (for) (in) visiting the United States this year.
35. Henry stopped (to go) (going) (gone) to school last year.
36. You should study instead of (playing) (to play) (play).
37. I am tired (going) (of to go) (of going) to the movies.
38. He was sorry (for to have come late) (at coming late) (for coming late).
39. I asked Mary (that she came) (that she would come) (to come) to the party.
40. The students enjoy (to take) (of taking) (taking) vacations every year.
41. I wish I (can) (will) (could) go to Europe next year.
42. If I had money I (will) (would) (can) buy a car
43. I would help you if I (could) (can) (might).
44. My uncle (will not can) (could not) (will not be able) to go to Europe next year.
45 If I (was) (were) (been) rich, I would travel around the word.

46. He came to school in spite of (been) (be) (being) sick.
47. My parents gave me a present. I (gave) (was given) (give) a present.
48. He was late, so he (stridden) (strode) (stride) out of his house very quickly.
49. My aunt has (flew) (fly) (flown) on jet-planes many times.
50. I (take) (taken) (took) a walk last Sunday.
51. I (blown) (blow) (blew) my nose when I have a cold.
52. My shirt hasn't (shrunk) (shrink) (shrank) yet.
53. Have you (choose) (chosen) (chose) the colors you like?
54. Somebody stole my pen. My pen was (stole) (steal) (stolen).
55. He (breaks) (broken) (broke) his arm last week.
56. Hens (put) (lay) (set) eggs.
57. Please, let me (to go) (go) (going) to the movies.
58. Mr. Smith (underwent) (understood) (undertook) a surgical operation.
59. Did Mr. Lopez help you (doing) (to do) (do) your homework?
60. Did he convince you (learn) (to learn) (learned) more English?
61. Did he make you (to speak) (speaking) (speak) English with your teacher?


TEMA III. Complete las siguientes oraciones llenando los espacios vacíos con la palabra apropiada. (VALOR 10 PUNTOS).

(obligación) He _____ have gone to the hospital for his operation last week.

(Suposición) This dress _____ be very expensive.

(Posibilidad en presente) It _____ be raining in Toluca now.

(Habilidad en pasado) The student _____ answer the question correctly.

(Condicional) Mary said that she _____ come if she finished her work early.

(Permiso) _____ I go home now?

(Posibilidad en pasado) I thought I _____ finish this test in twenty minutes.

(Deseo) _____ God bless you!

(Futuro) My parents _____ go to Europe next year.

(Habilidad _____you tell me where the station is?
en presente)


TEMA IV. Traduzca al inglés las siguientes oraciones. Nótese que
todas están en voz pasiva. (VALOR 10 PUNTOS)

1. Me voy a hacer retratar mañana.
2. Mandé a pintar mi casa la semana pasada.
3. Mandaré a barrer el piso.
4. Esto debería hacerse mejor.
5. Esto pudo haberse hecho mejor.
6. Lo que se ha hecho puede hacerse otra vez.
7. Se le dijo a María que viniera temprano.
8. Se le debería decir a María que venga a tiempo.
9. Se me ha pagado siempre a tiempo.
10. Se le está ayudando a él a construir su casa.

TEMA V. Llene cada uno de los espacios en blanco con el verbo
indicado en los paréntesis.
NOTA: Todos los verbos en inglés constan de dos palabras. (VALOR 10 PUNTOS).

1. I'll _____my uncle tomorrow (telefonear)
2. I _____ a friend yesterday (encontrarse)
3. Since you _____ the days grow long (alejarse)
4. The girl is going to _____ the baby (cuidar)
5. I am _____of money because I spent too much of it last
week (acabarse, agotarse).
6. I am going to _____ my cousin next Sunday (visitar)
7. He feels_____ because he was working too much (exte-
nuarse).
8. Don't forget to _____ the book I lent you (devolver)
9. May you _____ soon! (ponerse bien)
10. A poor old man was _____by a car (atropellar)

# Respuestas

## Ejercicios de construcción, 13
1. to get
2. Do you wish
3. wish to
4. I wish
5. Why
6. to go; because
7. do you wish
8. don't wish to
9. I don't wish; because; enough
10. I wish; I don't wish

## Ejercicios, 20
1. They see me.
2. I see them.
3. He sees you.
4. We see him.
5. He sees us.
6. You see her.
7. We have breakfast in the morning.
8. I eat (some) fish.
9. She eats (some) fruit.
10. They eat (some) chicken.
11. We eat (some) meat, (some) vegetables, and (some) fruit.
12. I eat dinner at night.
13. She eats lunch at noon.
14. You eat (some) eggs in the morning.

## Ejercicios de construcción, 25
1. What; do you wish
2. I wish; to see; him
3. She wishes
4. You wish; about; her
5. She wishes; to give; us
6. wishes; to see; them
7. We wish; to bring; her
8. Do you wish; to bring; me; from
9. wishes; to give; you
10. You wish; to see; us
11. Do you wish; to see; us
12. They wish; to go; to

## Ejercicios de construcción, 33
1. Do
2. does
3. do
4. does
5. Does
6. do
7. do
8. do
9. do
10. does
11. do
12. does

## Ejercicios de construcción, 34

1. me; to do
2. you; to go
3. him; to write
4. us; to go
5. us; nowhere
6. her; to come
7. you; to see; anyone
8. How long; us; to stay
9. Whom; me; to see
10. doesn't want; to read
11. How many; them; to buy
12. We don't want; her; to swim

## Ejercicios, 37

Do I speak English in the office every day?
I don't speak English in the office every day.

Do you speak Spanish in school every day?
You don't speak Spanish in school every day.

Does he speak to me in the factory every day?
He doesn't speak to me in the factory every day.

Does she speak to you in school every day?
She doesn't speak to you in school every day.

Does it speak to me at home every day?
It doesn't speak to me at home every day.

Do we speak English in school every day?
We don't speak English in school every day.

Do you speak English at home every day?
You don't speak English at home every day.

Do they speak to me in English every day?
They don't speak to me in English every day.

1. Richard drinks coffee in the morning.
2. He doesn't drink milk in the morning.
3. Does Richard drink milk in the morning?
4. Do I drink coffee in the morning?
5. Do you drink milk in the morning?
6. What do I eat in the morning?
7. What does he eat in the morning?
8. What do you eat in the morning?
9. When does Richard eat eggs?
10. When do I eat eggs?
11. I don't eat eggs in the morning.
12. Where do I speak English every day?
13. Where does he speak English every day?
14. Where do you speak English every day?
15. Does Richard speak English in the office every day?
16. Do you speak English every day?
17. He doesn't speak English every day.

202

18. I don't speak English at the factory.
19. You don't speak English every day.
20. We speak English every day.

**Ejercicios, 41**
1. Do, Don't
2. Do, Don't
3. Does, Doesn't
4. Do, Don't
5. Does, Doesn't
6. Do, Don't
7. Do, Don't
8. Do, Don't
9. Do, Don't
10. Does, Doesn't
11. do, don't
12. does, doesn't
13. do, don't
14. does, doesn't
15. do, don't
16. does, doesn't
17. do, don't
18. do, don't
19. does, doesn't
20. do, don't

**Práctica, 44**
1. I *am* a student.
   *Am* I a student?
2. You *are* my friend.
   *Are* you my friend?
3. Mr. Davies *is* my teacher.
   *Is* Mr. Davies my teacher?
4. The student *is* busy.
   *Is* the student busy?
5. Americans *are* friendly.
   *Are* Americans friendly?
6. They *are* busy.
   *Are* they busy?

7. Henry *is* from Chicago.
   *Is* Henry from Chicago?
8. We *are* in the office.
   *Are* we in the office?
9. Mary *is* happy.
   *Is* Mary happy?
10. Mary and Alice *are* friends.
    *Are* Mary and Alice friends?
11. I *am* in the office.
    *Am* I in the office?
12. You *are* an English teacher.
    *Are* you an English teacher?
13. English *is* easy to learn.
    *Is* English easy to learn?
14. It *is* interesting to speak English.
    *Is* it interesting to speak English?

**Práctica 1, 49**
1. I *am speaking* English.
2. You *are working* in the office.
3. George *is writing* letters.
4. We *are listening* to the teacher.
5. It *is raining* very hard.
6. The students *are reading* the lesson.
7. Richard *is playing* in the yard.
8. You *are drinking* some coffee.
9. They *are sleeping* in the bedroom.
10. Alice *is eating* an apple.
11. I *am running* in the yard.
12. The girl *is sweeping* the floor.
13. You *are buying* shoes.
14. John *is coming* here.
15. Peter and Robert *are doing* their homework.

**Práctica 2, 50**
1. *Am* I *speaking* English?
   I *am not speaking* English.
2. *Are* you *working* in the office?
   You *are not working* in the office.
3. *Is* George *writing* letters?
   George *is not writing* letters.
4. *Are* we *listening* to the teacher?
   We *are not listening* to the teacher.
5. *Is* it *raining* very hard?
   It *is not raining* very hard.
6. *Are* the students *reading* the lesson?
   The students *are not reading* the lesson.
7. *Is* Richard *playing* in the yard?
   Richard *is not playing* in the yard.
8. *Are* you *drinking* coffee?
   You *are not drinking* coffee.
9. *Are* they *sleeping* in the bedroom?
   They *are not sleeping* in the bedroom.
10. *Is* Alice *eating* an apple?
    Alice *is not eating* an apple.
11. *Am* I *running* in the yard?
    I *am not running* in the yard.
12. *Is* the girl *sweeping* the floor?
    The girl *is not sweeping* the floor.
13. *Are* you *buying* shoes?
    You *are not buying* shoes.
14. *Is* John *coming* here?
    John *is not coming* here.

15. *Are* Peter and John *doing* their homework?
    Peter and John *are not doing* their homework.

**Práctica, 52**
1. My father's book
2. My wife's mother
3. My brother's friends
4. John's car
5. Helen's brother
6. Peter's sister
7. A day's work
8. Charles's aunt
9. Alice's uncle
10. My brother's father-in-law
11. My sister's sister-in-law
12. My cousin's mother-in-law
13. My father's son-in-law
14. My mother's daughter-in-law
15. Mary's nephew
16. Richard's niece
17. My brother's grandson
18. My sister's granddaughter
19. My parents' grandchildren
20. Peter's house

**Ejercicios, 54**
This is not *my* book. Is this *my* book?
These are not *my* books. Are these *my* books?
These books are not *mine*. Are these books *mine*?

That is not *my* pencil. Is that *my* pencil?
Those are not *my* pencils. Are those *my* pencils?
Those pencils are not *mine*. Are those pencils *mine*?

This is not *your* notebook. Is this *your* notebook?

These are not *your* notebooks. Are these *your* notebooks?

These notebooks are not *yours*. Are these notebooks *yours*?

That is not *his* pen. Is that *his* pen?

Those are not *his* pens. Are those *his* pens?

Those pens are not *his*. Are those pens *his*?

This is not *her* eraser. Is this *her* eraser?

These are not *her* erasers. Are these *her* erasers?

These erasers are not *hers*. Are these erasers *hers*?

That is not *its* inhabitant. Is that *its* inhabitant?

Those are not *its* inhabitants. Are those *its* inhabitants?

Those inhabitants are not from Mexico City. Are those inhabitants from Mexico City?

This is not *our* city. Is this *our* city?

These are not *our* cities. Are these *our* cities?

These cities are not *ours*. Are these cities *ours*?

That is not *their* hotel. Is that *their* hotel?

Those are not *their* hotels. Are those *their* hotels?

Those hotels are not *theirs*. Are those hotels *theirs*?

**Práctica, 58**

1. I *was* a student before.
   *Was* I a student before?
2. You *were* my friend before.
   *Were* you my friend before?
3. Mr. Davies *was* my teacher before.
   *Was* Mr. Davies my teacher before?
4. The students *were* busy yesterday.
   *Were* the students busy yesterday?
5. The American *was* friendly yesterday.
   *Was* the American friendly yesterday?
6. They *were* busy before.
   *Were* they busy before?
7. Henry *was* happy yesterday.
   *Was* Henry happy yesterday?
8. We *were* in the office yesterday.
   *Were* we in the office yesterday?
9. Mary *was* tired yesterday.
   *Was* Mary tired yesterday?
10. Mary and Alice *were* friends before.
    *Were* Mary and Alice friends before?
11. I *was* in the office yesterday.
    *Was* I in the office yesterday?
12. You *were* an English teacher before.
    *Were* you an English teacher before?
13. It *was* cold yesterday.
    *Was* it cold yesterday?
14. Susan *was* pretty before.
    *Was* Susan pretty before?

## Práctica 1, 61

1. Mary *was* sleeping yesterday.
2. What *was* Mary doing yesterday?
3. What *were* the boys doing yesterday?
4. I *was* reading a book yesterday.
5. You *were* writing a letter yesterday.
6. It *was* raining very hard yesterday.
7. They *were* sleeping yesterday.
8. Richard *was* resting yesterday.
9. Where *were* we eating yesterday?
10. I *was* not running yesterday.
11. You *were* drinking milk yesterday.
12. Charles *was* playing in the yard yesterday.
13. *Was* it raining yesterday?
14. Henry *was* eating fruit yesterday.
15. You *were* not working yesterday.

## Práctica, 62

1. was
2. Were
3. were
4. Were
5. was
6. Was
7. was
8. were
9. Were
10. were
11. were
12. was
13. was

14. was
15. were
16. were
17. Were
18. were
19. were
20. was
21. was
22. was
23. Was
24. Were
25. Was

## Ejercicios, 67

*Are* there many schools and universities in Mexico?

There *will* be no classes in school tomorrow.

There *is* a large university in Mexico City.

*Was* there an Aztec temple where the Metropolitan Cathedral is standing now?

*Will* there be more public telephones next year?

There *were* many old buildings here before.

There *are* a few good theaters in this town.

There *is* no money now in my purse.

There *was* not too much water yesterday.

There *were* no people in the street last night.

There *are* not any houses in that place.

There *will* be another market in the city.

*Was* there not another pencil in that drawer?

*Is* there not another book in the
bookcase?
*Is* there any important library
here?
*Will* there be any good bullfights
next Sunday?
*Were* there not several men in that
meeting?
There *were* no men in the
meeting, only women.

## Práctica 1, 71

1. John *is going to buy* shoes
now.
2. We *are going to eat* oranges
now.
3. I *am going to speak* English
now.
4. The students *are going to
practice* the lesson now.
5. You *are going to read* the
newspaper now.
6. Mary *is going to do* her
homework now.
7. The secretary *is going to write*
many letters now.
8. It *is going to rain* in Mexico
City now.
9. You and I *are going to play*
baseball now.
10. They *are going to sleep* in the
bedroom now.
11. Alice *is going to sweep* the
floor now.
12. I *am going to drink* coffee
now.
13. The boy *is going to run* in the
yard now.
14. Mary and Alice *are going to
study* very much now.

15. My father *is going to work* in
Chicago now.

## Práctica 2, 71

1. *Is* John *going to buy* shoes
now?
John *is not going to buy* shoes
now.
2. *Are* we *going to eat* oranges
now?
We *are not going to eat*
oranges now.
3. *Am* I *going to speak* English
now?
I *am not going to speak*
English now.
4. *Are* the students *going to
practice* the lesson now?
The students *are not going to
practice* the lesson now.
5. *Are* you *going to read* the
newspaper now?
You *are not going to read* the
newspaper now.
6. *Is* Mary *going to do* her
homework now?
Mary *is not going to do* her
homework now.
7. *Is* the secretary *going to write*
many letters now?
The secretary *is not going to
write* many letters now.
8. *Is* it *going to rain* in Mexico
City now?
It *is not going to rain* in
Mexico City now.
9. *Are* you and I *going to play*
baseball now?
You and I *are not going to
play* baseball now.

**207**

10. *Are* they *going to sleep* in the bedroom now?
They *are not going to sleep* in the bedroom now.
11. *Is* Alice *going to sweep* the floor now?
Alice *is not going to sweep* the floor now.
12. *Am* I *going to drink* coffee now?
I *am not going to drink* coffee now.
13. *Is* the boy *going to run* in the yard now?
The boy *is not going to run* in the yard now.
14. *Are* Mary and Alice *going to study* very much now?
Mary and Alice *are not going to study* very much now.
15. *Is* my father *going to work* in Chicago now?
My father *is not going to work* in Chicago now.

### Práctica, 72

1. What was Charles reading at the library yesterday?
Who was reading a book at the library yesterday?
Where was Charles reading a book yesterday?
When was Charles reading a book at the library?
2. At what time were the students writing an assignment yesterday?
What were the students writing at five o'clock yesterday?

Who was writing an assignment at five o'clock yesterday?
When were the students writing an assignment?
3. When is Henry going to buy shoes in the shoe store?
Where is Henry going to buy shoes tomorrow?
Who is going to buy shoes in the shoe store tomorrow?
What is Henry going to buy in the shoe store tomorrow?
4. Who is going to play baseball in the yard now?
What are the boys going to play in the yard now?
Where are the boys going to play baseball now?
When are the boys going to play baseball in the yard?

### Práctica, 75

1. Come here.
2. Let's practice more English.
3. Go to school now.
4. Close the door.
5. Open the door.
6. Let's sit here.
7. Wait for me a moment.
8. Let's wait for our bus here.
9. Sit, please.
10. Don't smoke, please.
11. Don't eat too much.
12. Let's not eat in this restaurant.
13. Don't drive too fast.
14. Let's not play in the street.
15. Don't speak in class.
16. Let's not speak in class.
17. Don't go to that place.

**208**

18. Let's not go to the theater tonight.
19. Don't wait for me, please.
20. Let's not run in the house.

## Práctica, 81

1. What is Henry writing to his parents now?
   Who is writing a letter to his parents now?
   To whom is Henry writing a letter now?
   When is Henry going to write a letter to his parents?
2. Where are the boys playing baseball now?
   When are the boys going to play baseball in the yard?
   What are the boys playing in the yard now?
   Who is playing baseball in the yard now?
3. What does Robert do every day?
   Who works in the office every day?
   Where does Robert work every day?
   When does Robert work in the office?
4. Who eats dinner in the factory every day?
   Where do the men eat dinner every day?
   What do the men eat in the factory every day?
   When do the men eat dinner in the factory?
5. How can Richard swim in the swimming pool?

What can Richard do very quickly in the swimming pool?
Who can swim very quickly in the swimming pool?
Where can Richard swim very quickly?

## Práctica, 85

1. Can
2. could
3. Could
4. can
5. could
6. Could
7. can
8. could
9. could
10. Can
11. Could
12. can
13. could
14. Could
15. can
16. could
17. can
18. Can
19. Could
20. can

## Práctica, 87

*Can* you speak English now?
He *can* drive to his office every day.
Mary *could* not come here yesterday.
They *cannot* type quickly yet.
*Could* you see the parade yesterday?
*Can* you see the manager every day?

I *cannot* go to the movies every day.

John *could* read the news yesterday.

Alice *could* not go to the party last night.

Alice *can* go to the movies every day.

*Can* she write letters in English now?

*Could* Mary see that movie last Saturday?

*Can* Mary see that movie tonight?

*Can* you go to the office every day?

*Could* you visit Europe last year?

*Can* you visit Europe this year?

I *could* not visit Paris last year.

I *can* visit Rome this year.

*Can* she send a cable every day?

*Could* she send that cable yesterday?

## Práctica 1, 92

1. Mary *will buy* groceries tomorrow.
2. I *will speak* English next week.
3. John *will go* to school in the fall.
4. The manager *will sign* your checks next Saturday.
5. The secretary *will write* a letter this afternoon.
6. My brother *will get* good commissions in September.
7. They *will eat* in a restaurant tonight.
8. You *will learn* languages next year.
9. We *will visit* Europe next summer.

10. I *will read* the newspaper this evening.
11. Henry and Jack *will see* Mary and Susan this weekend.
12. She *will work* for an international company this fall.
13. You *will leave* for New York tomorrow morning.
14. We *will fly* to Paris in two weeks.
15. He *will give* presents to the children on his next visit.

## Práctica 2, 92

1. *Will* Mary *buy* groceries tomorrow?
   Mary *will not buy* groceries tomorrow.
2. *Will* I *speak* English next week?
   I *will not speak* English next week.
3. *Will* John *go* to school in the fall?
   John *will not go* to school in the fall.
4. *Will* the manager *sign* your checks next Saturday?
   The manager *will not sign* your checks next Saturday.
5. *Will* the secretary *write* a letter this afternoon?
   The secretary *will not write* a letter this afternoon.
6. *Will* my brother *get* good commissions in September?
   My brother *will not get* good commissions in September.

7. *Will* they *eat* in a restaurant tonight?
   They *will not eat* in a restaurant tonight.
8. *Will* you *learn* languages next year?
   You *will not learn* languages next year.
9. *Will* we *visit* Europe next summer?
   We *will not visit* Europe next summer.
10. *Will* I *read* the newspaper this evening?
    I *will not read* the newspaper this evening.
11. *Will* Henry and Jack *see* Mary and Susan this weekend?
    Henry and Jack *will not see* Mary and Susan this weekend.
12. *Will* she *work* for an international company this fall?
    She *will not work* for an international company this fall.
13. *Will* you *leave* for New York tomorrow morning?
    You *will not leave* for New York tomorrow morning.
14. *Will* we *fly* to Paris in two weeks?
    We *will not fly* to Paris in two weeks.
15. *Will* he *give* presents to the children on his next visit?
    He *will not give* presents to the children on his next visit.

**Práctica, 97**

I *didn't buy* a car.
He *didn't eat* a banana.
She *didn't see* a picture.
They *didn't read* the news.
You *didn't write* a letter.
He *didn't get* a job.
He *didn't go* to the movies.
I *didn't work* in the bank.
She *didn't live* in New York.
We *didn't study* in London.
He *didn't come* yesterday.
They *didn't finish* last week.
You *didn't pay* last month.
She *didn't leave* last Monday.
You *didn't arrive* last Sunday.
He *didn't call* one hour ago.
I *didn't speak* to Charles.
He *didn't give* it to me.
They *didn't bring* it to Helen.
He *didn't love* Alice.
He *didn't kiss* his mother.

**Práctica, 100**

1. We *were* busy last night.
2. Betty *could play* the piano last year.
3. John *was* in New York last week.
4. You *saw* him in school yesterday.
5. My father *ate* caviar last weekend.
6. Susan *wrote* many letters last month.
7. The manager *spoke* at the meeting last Tuesday.
8. They *went* to the theater yesterday evening.
9. Charles *read* a book last week.
10. I *drank* coffee yesterday.

**211**

11. You *drove* a car last weekend.
12. Helen *did* her homework last night.
13. We *sang* that song last Saturday.
14. Robert *slept* in a hotel last month.
15. Alice *bought* some presents yesterday.
16. You *kept* money in the bank last year.
17. It *worked* well last summer.
18. They *forgot* their umbrella last night.
19. You *wore* a hat yesterday.
20. We *chose* nice colors yesterday.
21. He *broke* his leg last summer.
22. Paul *swam* in a lake last spring.
23. Mary *brought* you flowers last weekend.
24. I *got* a good percentage last year.
25. I *heard* a noise last night.
26. We *knew* Paris last year.
27. Richard *met* with Susan last week.
28. You *felt* cold in the winter last year.
29. They *left* early last night.
30. He *sent* a package last week.
31. You *lent* money last Friday.
32. We *gave* toys to the children last year.
33. I *thought* of her last night.
34. You *froze* your ears last winter.
35. George *paid* the bills last month.
36. I *sold* cars last year.
37. They *rode* on a bus yesterday afternoon.
38. We *told* the truth yesterday.
39. Helen *set* the table last night.
40. You *hurt* your arm last week.
41. She *spent* too much money last Saturday.
42. They *fought* among themselves last night.
43. I *sought* information yesterday.
44. He *forgave* his enemies last week.
45. Peter *stole* money last weekend.
46. They *knelt* in church last Sunday.
47. She *wept* for nothing last night.
48. You *swore* in vain yesterday.
49. The girl *swept* the floor yesterday morning.
50. I *cut* the cake last time.
51. Henry *put* on a hat last Tuesday.
52. Your parents *forbade* you to smoke last month.

**Práctica, 101**
1. What does John do every Saturday?
2. When does John go to the movies?
3. Where does John go every Saturday?

1. Where did Gregory buy a pair of shoes yesterday?
2. What did Gregory buy downtown yesterday?
3. When did Gregory buy a pair of shoes downtown?

4. Who bought a pair of shoes downtown yesterday?

1. How did John go to Miami last week?
2. Who went to Miami by airplane last week?
3. When did John go to Miami by airplane?
4. Where did John go to by airplane last week?
5. What did John do last week?

1. Who works in the office every day?
2. Where do they work every day?
3. What do they do every day?
4. When do they work in the office?

**Práctica, 106**
1. I *used to work* in Chicago before.
2. *Did* you *use to live* in New York many years ago?
3. They *didn't use to play* baseball a long time ago.
4. John *used to go* to picnics as a child.
5. Susan *didn't use to cook* dinner before.
6. *Did* Henry *use to speak* English fluently years ago?
7. *Did* we *use to eat* chicken on Sundays a long time ago?
8. Mary *used to write* many letters as a teenager.
9. *Did* the secretary *use to type* quickly before?
10. I *didn't use to read* quickly many years ago.

11. The children *used to drink* orange juice in the morning a long time ago.
12. My mother *used to drive* slowly before.
13. My father *didn't use to swim* slowly years ago.
14. They *used to dance* very well in college.
15. *Did* Robert *use to come* here years ago?

**Práctica, 110**
1. will
2. would
3. Would
4. Will
5. will
6. Will
7. would
8. Would
9. will
10. would
11. would
12. will
13. would
14. would
15. will

**Práctica, 117**
*May* I go now?
It *may* not rain today.
My father said I *might* go to the party.
I *might* visit New York some day.
*May* Christmas bring you peace and happiness!
*Could* you see the parade last Sunday?
*May* we smoke here?
They said we *might* smoke here.

*Can* he read and write English?
*May* we learn English next year?
Lucy *could* not come here
yesterday.
*May* you be very happy!
I *may* go swimming today.
Richard *can* speak English very
well.

**Práctica, 127**
1. ought
2. should
3. must
4. should
5. should
6. ought
7. ought
8. should
9. should
10. must
11. should
12. should
13. should
14. ought
15. should

**Ejercicios, 130**
We have *hair* on our head.
We can see with our *eyes*.
Each hand has five *fingers*.
We walk with our *legs*.
The *eyelashes* protect our eyes
from the sun . . .
The *teeth* are in the mouth.
We use our *tongue* to speak . . .
We touch things with our *hands*.
We use our *fingers* to play the
guitar . . .
We breathe through our *nose* . . .
Each foot has five *toes*.

The *fingernails* protect our fingers
and the *toenails* protect our
toes.

**Ejercicios I, 143**
Our house is *as expensive as* yours.
Their house is *not as expensive as*
hers.

Frank is *not as strong as* I am.
She is *not as strong as* you are.

**Práctica, 145**
1. My brother is taller than I.
2. John's house is bigger than
Peter's house.
3. This is the biggest building of
the city.
4. Richard is as tall as Robert is.
5. George is the tallest of all my
friends.
6. I am less tall than Richard.
7. Richard is older than I.
8. Mary is younger than her
sister.
9. My father is the oldest of all
my family.
10. My father is stronger than I.
11. Your car is as new as mine.
12. My house is as old as yours.
13. John's house is less old than
mine.
14. This church is the least old of
the city.
15. Charles is more intelligent
than George.
16. George is less intelligent than
Charles.
17. Charles is as intelligent as
John.
18. Richard is the most intelligent
of all.

214

19. George is the least intelligent of all.
20. This house is more comfortable than mine.
21. Robert's house is as comfortable as Enrique's.
22. My house is less comfortable than yours.
23. My uncle's house is the most comfortable of all.
24. The German language is more difficult than English.
25. The Arabic language is the most difficult of the three.
26. The Italian language is the least difficult of the four.

## Práctica, 166

*Has* Robert been to this place?
*Have* you seen that movie?
Lucy and Alice *have* practiced English all week.
Mary *has* read the newspaper already.
*Has* the girl swept the floor already?
I *have* done this assignment many times.
*Have* you written a letter in English?
*Has* Henry ever driven a car?
She *has* not eaten breakfast yet.
We *have* not spoken to him yet.
*Have* they arrived in New York already?
The boys *have* sung many American songs.
He *has* finished the report on time.
*Have* I given you the change?
Mary *has* not given me the change.

## Práctica, 166

1. John *has spoken* English fluently.
2. *Has* Mary *eaten* fish?
3. We *have* often *seen* American movies.
4. Paul *hasn't heard* the church bell.
5. *Have* you *drunk* coffee in Susan's house?
6. I *have found* very interesting things in the markets.
7. *Have* you *chosen* nice colors?
8. My brother *hasn't driven* fast.
9. They *haven't kept* their money in the bank.
10. I *have given* money to my parents.
11. *Has* Robert *slept* eight hours?
12. My father *has taken* us to the circus.
13. The student *hasn't brought* his book.
14. *Have* you *bought* vegetables in the market?
15. I *have gotten* very good commissions.
16. The girl *hasn't swept* the floor.
17. We *have met* with many friends in the club.
18. *Has* Alice *set* the table?
19. I *have put* my books on the table.
20. My parents *have sat* at the table.
21. *Have* they *forgotten* to mail the letter?
22. *Have* you *brought* your camera in your car?
23. The secretary *hasn't written* many letters.

215

24. We *haven't read* the newspapers.
25. Who *has worked* in this office?
26. He *has left* for Europe by airplane.
27. *Has* Henry *come* here by bus?
28. Those children *haven't known* who I am.
29. I *have swum* in this swimming pool.
30. This actress *has sung* on television.

## Práctica, 167

1. *Has* he *ever been* in New York?
   He *has never been* in New York.
2. *Has* John *ever eaten* caviar?
   John *has never eaten* caviar.
3. *Have* you *ever seen* a giraffe?
   You *have never seen* a giraffe.
4. *Has* Susan *ever written* a letter?
   Susan *has never written* a letter.
5. *Have* you *ever spoken* in a meeting?
   You *have never spoken* in a meeting.
6. *Have* they *ever gone* to that place?
   They *have never gone* to that place.
7. *Has* he *ever read* that book?
   He *has never read* that book.
8. *Has* this child *ever drunk* coffee?
   This child *has never drunk* coffee.

9. *Have* you *ever driven* a car?
   You *have never driven* a car.
10. *Has* the secretary *ever done* that assignment?
    The secretary *has never done* that assignment.
11. *Have* we *ever sung* that song?
    We *have never sung* that song.
12. *Has* Robert *ever slept* in a hotel?
    Robert *has never slept* in a hotel.
13. *Has* Alice *ever bought* a present?
    Alice *has never bought* a present.
14. *Have* you *ever kept* money in the bank?
    You *have never kept* money in the bank.
15. *Has* it *ever worked* well?
    It *has never worked* well.
16. *Have* they *ever forgotten* their umbrella?
    They *have never forgotten* their umbrella.
17. *Have* you *ever worn* a hat?
    You *have never worn* a hat.
18. *Have* we *ever chosen* a nice color?
    We *have never chosen* a nice color.
19. *Has* he *ever broken* his leg?
    He *has never broken* his leg.
20. *Has* Paul *ever swum* in a lake?
    Paul *has never swum* in a lake.
21. *Has* Mary *ever brought* you flowers?
    Mary *has never brought* you flowers.

216

22. *Have* I *ever gotten* a good job?
    I *have never gotten* a good
    job.
23. *Have* you *ever heard* voices?
    You *have never heard* voices.
24. *Have* we *ever known* that
    man?
    We *have never known* that
    man.
25. *Has* Richard *ever met* with
    Susan?
    Richard *has never met* with
    Susan.
26. *Have* you *ever felt* cold at
    night?
    You *have never felt* cold at
    night.
27. *Have* they *ever left* early?
    They *have never left* early.
28. *Has* he *ever sent* a package?
    He *has never sent* a package.
29. *Have* you *ever lent* money?
    You *have never lent* money.
30. *Have* we *ever given* presents?
    We *have never given* presents.
31. *Have* I *ever thought* of her?
    I *have never thought* of her.
32. *Have* you *ever frozen* your
    ears?
    You *have never frozen* your
    ears.
33. *Has* she *ever paid* the bills?
    She *has never paid* the bills.
34. *Have* I *ever sold* cars?
    I *have never sold* cars.
35. *Have* they *ever ridden* on a
    bus?
    They *have never ridden* on a
    bus.
36. *Have* we *ever told* the truth?
    We *have never told* the truth.

37. *Has* Helen *ever set* the table?
    Helen *has never set* the table.
38. *Have* you *ever hurt* your arm?
    You *have never hurt* your arm.
39. *Has* she *ever spent* much
    money?
    She *has never spent* much
    money.
40. *Have* they *ever fought* among
    themselves?
    They *have never fought* among
    themselves.
41. *Have* I *ever sought*
    information?
    I *have never sought*
    information.
42. *Has* he *ever forgiven* his
    enemies?
    He *has never forgiven* his
    enemies.
43. *Has* Peter *ever stolen* money?
    Peter *has never stolen* money.
44. *Have* they *ever knelt* in
    church?
    They *have never knelt* in
    church.
45. *Has* she *ever wept* at a
    funeral?
    She *has never wept* at a
    funeral.
46. *Have* you *ever sworn* in vain?
    You *have never sworn* in vain.
47. *Has* Mary *ever swept* the
    floor?
    Mary *has never swept* the
    floor.
48. *Have* I *ever cut* a cake?
    I *have never cut* a cake.
49. *Has* Henry *ever put* on a hat?
    Henry *has never put* on a hat.

50. *Have* your parents *ever*
     *forbidden* you to smoke?
     Your parents *have never*
     *forbidden* you to smoke.

**Práctica, 170**
1. To whom has Robert spoken
   in his office?
   Who has spoken to the
   manager in his office?
   What has Robert done in his
   office?
   Where has Robert spoken to
   the manager?
   When has Robert spoken to
   the manager in his office?
2. What have they done during
   their vacation?
   When have they worked in a
   factory?
   Who has worked in a factory
   during their vacation?
   Where have they worked
   during their vacation?
3. How will Paul go to New York
   next month?
   Where will Paul go to by
   airplane next month?
   Who will go to New York by
   airplane next month?
   What will Paul do next
   month?
   When will Paul go to New
   York by airplane?
4. Who had traveled to America
   in 1492 by ship?
   When had Christopher
   Columbus traveled to
   America by ship?
   What had Christopher
   Columbus done in 1492?

Where had Christopher
Columbus traveled in 1492
by ship?
How had Christopher
Columbus traveled to
America in 1492?

**Práctica, 173**
1. that he may see
2. that I may speak
3. that he may buy
4. that we may save
5. that they may be
6. that she may stay
7. that I may rest
8. that they may sell
9. that I may comment (on)
10. that she may understand
11. that he may hear
12. that she may lose weight

**Práctica, 175**
1. If I were rich, I would donate
   a lot of money to charity.
2. If I were very poor, I would
   count my blessings.
3. If I had a million dollars, I
   would buy a house.
4. I were blind, I would have a
   seeing-eye dog.
5. If I were president of this
   country, I would pay more
   attention to the poor.
6. If I had a private airplane, I
   would travel a lot.
7. If I had an airplane, I would
   go to New York on the
   weekends.
8. If I were a bird, I would fly
   over the trees.

218

9. If I could fly, I would fly to Spain.
10. If I were in New York, I would visit the Metropolitan Museum of Art.
11. If I had a ranch, I would raise cattle.
12. If I were very sick, I would stay home from work.
13. If I spoke English very well, I would speak it often.
14. If I ate only bread every day, I would feel sick and depressed.
15. If I slept only two hours every night, I would feel very tired.
16. If I saw a ghost, I would scream.
17. If I heard an explosion near me, I would run.
18. If I felt a strong earthquake, I would take cover.
19. If I went to China and didn't speak Chinese, I would find someone who spoke English.

### Práctica, 178
1. I wish many people *were* rich in Mexico.
2. I wish many people *could* go to the beach every year.
3. I wish John *were* well.
4. I wish it *were* not raining very hard.
5. I wish many people *had* a car in this country.
6. I wish many people *went* to New York every year.
7. I wish it *were* not snowing in Chicago now.
8. I wish Acapulco *were* not very hot in summertime.

9. I wish many people *owned* a house in Mexico City.
10. I wish many people *bought* cars on cash.
11. I wish life *were* not expensive nowadays.
12. I wish many Mexicans *could* travel to Europe.
13. I wish many people *earned* good salaries.
14. I wish many guests *were* at this party.
15. I wish many students *spoke* English fluently.

### Práctica, 180
1. If I had been Napoleon, I would not have invaded Russia.
2. If I had had more money, I would have gone to Istanbul.
3. If I had been born blind, I would have relied more on my hearing.
4. If I had been a bird, I would have flown all over.
5. If a doctor had told me that I had only six months to live, I would have lived every day to the fullest.
6. If I had had a million dollars, I would have bought a house.
7. If I had been in Paris last year, I would have spent a million dollars on art.
8. If I had seen a fire near my house, I would have called 911.
9. If I had been in New York last year, I would have gone on lots of tours.

10. If I had had wings, I would have flown to the Eiffel Tower.
11. If I had had more money, I would have gone to the Riviera during my last vacation.
12. If I hadn't been sick, I would have eaten ice cream yesterday.

## Práctica, 182

1. I suppose he must've practiced a lot.
2. I suppose he must've scratched himself.
3. I suppose she must've lost it.
4. I suppose he must've sold it.
5. I suppose he must've gotten sick.
6. I suppose she must've been in a hurry.
7. I suppose she must've been out of the house.
8. I suppose he must've left.
9. I suppose she must've had a birthday.
10. I suppose he must've been hungry.

## Práctica, 183

1. He should've
2. He should've
3. I should've
4. She should've
5. I should've
6. You should've
7. He should've
8. She should've
9. She should've
10. You should've

11. I should've
12. They should've
13. He should've
14. She should've
15. You should've

## Práctica, 184

1. I should've
2. He shouldn't have
3. She should've
4. You should've
5. You should've
6. She shouldn't have
7. He shouldn't have
8. He shouldn't have
9. You shouldn't have
10. You should've
11. He should've
12. They shouldn't have
13. He shouldn't have
14. You should've
15. He shouldn't have

## Ejercicios, 188

1. finishing
2. drinking
3. going
4. eating
5. learning
6. playing
7. singing
8. getting off
9. being
10. buying
11. arriving
12. eating
13. listening
14. eating
15. studying

**Práctica, 191**

1. They tell us to finish the
   report on time.
   They told us to finish the
   report on time.
2. They ask us to finish the
   report on time.
   They asked us to finish the
   report on time.
3. They order us to finish the
   report on time.
   They ordered us to finish the
   report on time.
4. They force us to finish the
   report on time.
   They forced us to finish the
   report on time.
5. They advise us to finish the
   report on time.
   They advised us to finish the
   report on time.
6. They persuade us to finish the
   report on time.
   They persuaded us to finish
   the report on time.
7. They convince us to finish the
   report on time.
   They convinced us to finish
   the report on time.
8. They invite us to finish the
   report on time.
   They invited us to finish the
   report on time.
9. They urge us to finish the
   report on time.
   They urged us to finish the
   report on time.
10. They expect us to finish the
    report on time.
    They expected us to finish the
    report on time.

11. They permit us to finish the
    report on time.
    They permitted us to finish
    the report on time.
12. They allow us to finish the
    report on time.
    They allowed us to finish the
    report on time.

**Práctica, 193**

1. that you come
2. that I go
3. that John speak
4. that we come
5. that I practice
6. that they pay
7. that we buy
8. that she sell
9. that I travel
10. that you eat

**Práctica 1, 195**

a)  1. Will Mr. Brown *have* you
       *do* . . . ?
    2. Will Mr. Brown *help* you
       *do* . . . ?
    3. Will Mr. Brown *see* you
       *do* . . . ?
    4. Will Mr. Brown *make* you
       *do* . . . ?
    5. Will Mr. Brown *watch* you
       *do* . . . ?
    6. Will Mr. Brown *hear* you
       *do* . . . ?

b)  1. I *heard* one student
       *speak* . . .
    2. I *helped* one student
       *speak* . . .
    3. I *watched* one student
       *speak* . . .

221

4. I *let* one student *speak* . . .
5. I *made* one student *speak* . . .
6. I *saw* one student *speak* . . .

c) 1. Mary is going *to see* Paul *decorate* . . .
2. Mary is going *to let* Paul *decorate* . . .
3. Mary is going *to have* Paul *decorate* . . .
4. Mary is going *to watch* Paul *decorate* . . .
5. Mary is going *to make* Paul *decorate* . . .

**Práctica 2, 196**

a) 1. My teacher *helped* me *talk* . . .
2. My teacher *told* me *to talk* . . .
3. My teacher *wanted* me *to talk* . . .
4. My teacher *made* me *talk* . . .
5. My teacher *advised* me *to talk* . . .
6. My teacher *forced* me *to talk* . . .
7. My teacher *let* me *talk* . . .
8. My teacher *persuaded* me *to talk* . . .
9. My teacher *heard* me *talk* . . .
10. My teacher *invited* me *to talk* . . .
11. My teacher *had* me *talk* . . .

12. My teacher *saw* me *talk* . . .
13. My teacher *convinced* me *to talk* . . .
14. My teacher *urged* me *to talk* . . .
15. My teacher *ordered* me *to talk* . . .
16. My teacher *watched* me *talk* . . .
17. My teacher *expected* me *to talk* . . .
18. My teacher *allowed* me *to talk* . . .

b) 1. We will *expect* our football team *to play* . . .
2. We will *have* our football team *play* . . .
3. We will *let* our football team *play* . . .
4. We will *urge* our football team *to play* . . .
5. We will *permit* our football team *to play* . . .
6. We will *make* our football team *play* . . .
7. We will *ask* our football team *to play* . . .
8. We will *advise* our football team *to play* . . .
9. We will *persuade* our football team *to play* . . .
10. We will *help* our football team *play* . . .
11. We will *see* our football team *play* . . .
12. We will *force* our football team *to play* . . .

222

## Examen final de estructura inglesa, 197

1. May
2. could
3. would
4. might
5. must
6. can
7. could
8. may
9. might
10. should have
11. must have
12. could have
13. should have
14. might have
15. may have
16. ought to have
17. must have been
18. shouldn't have been
19. could have been
20. may have been
21. must have been
22. seeing
23. at
24. to me
25. at her
26. at
27. by
28. Robert
29. us
30. to buy
31. eating
32. not to send
33. striven
34. in
35. going
36. playing
37. of going
38. for coming late
39. to come
40. taking
41. could
42. would
43. could
44. will not be able
45. were
46. being
47. was given
48. strode
49. flown
50. took
51. blow
52. shrunk
53. chosen
54. stolen
55. broke
56. lay
57. go
58. underwent
59. do
60. to learn
61. speak

TEMA III

He *should* have gone to the hospital for his operation last week.

This dress *must* be very expensive.

It *may* be raining in Toluca now.

The student *could* answer the question correctly.

Mary said that she *would* come if she finished her work early.

*May* I go home now?

I thought I *might* finish this test in twenty minutes.

*May* God bless you!

My parents *will* go to Europe next year.

*Can* you tell me where the station is?

1. I am going to have my picture taken tomorrow.
2. I had my house painted last week.
3. I will have the floor swept.
4. This should be done better.
5. This could have been done better.
6. What has been done can be done again.
7. Mary was told to come early.
8. Mary should be told to come on time.
9. I have always been paid on time.
10. He is being helped to build his house.

1. call up
2. ran into
3. went away
4. look after
5. running out
6. call on
7. run down
8. give back
9. get well
10. run over